中小学生
科普园

孩子最爱问的十万个为什么

hai zi zui ai wen de shi wan ge wei shen me

人文

文化知识

谢茜茜 编著

内蒙古出版集团 | 远方出版社

图书在版编目（CIP）数据

文化知识／谢茜茜编著. －呼和浩特：远方出版社，2010.6（2012 重印）
（中小学生科普园·孩子最爱问的十万个为什么·人文）
ISBN 978－7－80723－531－6

Ⅰ. ①文… Ⅱ. ①谢… Ⅲ. ①文化－青少年读物
Ⅳ. ①G－49

中国版本图书馆 CIP 数据核字（2010）第 119124 号

中小学生科普园·孩子最爱问的十万个为什么·人文

文化知识

编　　著　谢茜茜
图书策划　罗　发　何红玲
责任编辑　王月霞
装帧设计　博悦图文
出版发行　内蒙古出版集团远方出版社
社　　址　呼和浩特市乌兰察布东路 666 号
（电　话　0471－4919981　邮　编　010010）
经　　销　新华书店
印　　刷　北京中达兴雅印刷有限公司
开　　本　710×1000　1/16
印　　张　90
字　　数　1310 千
版　　次　2010 年 6 月第 1 版
印　　次　2012 年 10 月第 3 次印刷
书　　号　ISBN　978－7－80723－531－6
总 定 价　179.00 元（全十册）

前　言

文化是人类所创造的所有物质财富和精神财富的总和。它既是人类社会在过去时间内的发展进化成果，也是孕育人类辉煌未来的基础。正是文化的一脉相传和薪火承接才造就了人类社会今日的文明。掌握必要的文化常识，不仅是个人素质的体现，还是推动社会进步的重要因素。这里的文化，当然是广义的，即除了自然所固有的东西外，人类创造的一切思想、文化、政治、经济、科学的成就……总之，广义的文化是包罗万象的，是不分国界的，是突破时空的。

仅以中国数千年来的传统文化来说，我们就可以用“源远流长、博大精深”来形容，那么如果再把世界诸多国家的文化知识加在一起，其广博之程度，穷其一生，也让人望洋兴叹。海量的知识，有限的生命，时常让人觉得有学海无涯之苦。我们特编写《文化知识》一书，将古今中外的知识精粹熔于一炉。集知识性、趣味性于一体，希望为读者获取各类知识提供一个便捷途径。

书中内容都是常识性的文化知识。细读本书，可以增加你的知识储备，提升你的文化修养。全书分为思想哲学篇、政治经济篇、文学艺术篇、科学教育篇、天文地理篇，集知识性、趣味性、科学性于一体，精心选取数百个适宜青少年阅读的文化常识，内容涉及思想、哲学、文学、艺术、科学、教育、天文、地理等多个方面。阅读此书，不仅能轻松获取丰富的知识，还能启迪智慧，激发创造力。在这里，未知的世界不再神秘。求知的脚步无须停留。本书将成为青少年开启知识大门的金钥匙，带领青少年在知识的海洋里遨游。

限于学识和时间，书中难免存在一些不足，敬请专家和读者朋友批评指正。

编　者

2010 年 3 月于北京

目 录

思想哲学篇

政治经济篇

文学艺术篇

科学教育篇

天文地理篇

思想哲学篇

QIU LEI YUN DONG PIAN

儒家

崇奉孔子学说的学派。其学派崇尚“礼乐”和“仁义”，提倡“忠恕”和“中庸”之道。主张“德治”、“仁政”，重视伦理关系。

儒家思想指的是儒家学派的思想，由春秋末期思想家孔子所创立。孔子创立的儒家学说在总结、概括和继承了夏、商、周三代尊尊亲亲传统文化的基础上形成的一个完整的思想体系。又有人称为孔子学说，对中国以及远东文明发生过重大影响并持续至今的意识形态。也有人认为它是一种宗教而称之为儒教。

儒家学派之前，古代社会贵族和自由民通过“师”与“儒”接受传统的六德（智、信、圣、仁、义、忠），六行（孝、友、睦、姻、任，恤）、六艺（礼、乐、射、御、书、数）的社会化教育。从施教的内容看，中国古代的社会教育完全是基于华夏族在特定生活环境中长期形成的价值观、习惯、惯例、行为规范和准则等文化要素之上而进行的。儒家学派全盘吸收这些文化要素并上升到系统的理论高度。西汉以后，逐渐成为我国封建社会占统治地位的学派。

儒家学派的创始人孔子第一次打破了旧日统治阶级垄断教育的局面，一变“学在官府”而为“有教无类”，使传统文化教育播及到整个民族。这样儒家思想就有了坚实的民族心理基础，为全社会所接受并逐步儒化全社会。但是儒家学派固守“道不过三代，法不贰后王”（《荀子·王制》）。

儒家思想基本分为“内圣”与“外王”，即个人修养与政治主张两类。伦理学上儒家注重自身修养，其中心思想乃“仁”，意谓人与人之间应注重和谐的关系。对待长辈要尊敬尊重；朋友之间要言而有信；为官者要清廉爱民；做人有自知之明，尽份内事，“君子务本，本立而道生”。统治者要仁政爱民，“为政以德，譬如北辰，居其所而众星共之”；对待其他人要博爱，“幼吾幼，及人之幼。老吾老，及人之老”。对待上司要忠诚，“君事臣以礼，臣事君以忠”；对待父母亲属要孝顺，“父母在，不远游，游必有方”、“今之孝者，是谓能养。至于犬马，皆能有养；不敬，何以别乎?”；人要有抱负而有毅力，“士不可不弘毅，任重而道远”。尊重知识，“朝闻道，夕死可矣”，善于吸取别人的长处，“见贤思齐焉，见不贤而内自省也”，以及“君子远庖厨”推己及人的思想。

儒家政治思想是“仁政”、“王道”以及“礼制”，其理想是“大同”、“大一统”，其政治学主要阐述君臣关系、官民关系。孔子“君事臣以礼，臣事君以忠”，孟子“民为重，社稷次之，君为轻”，荀子“从道不从君，从义不从父，人之大行也”，是儒家政治学的代表性主张。在现实政治的问题上，儒家要求统治者和被统治者双方都要承担义务，从理论上说，被统治者有权利反抗不正常承担义务的统治者。“仁政易行”则提倡分清“不能”与“不为”之间的区别，即“不去做”与“做不到”之间的差异。而其“无恒产，因无恒心”也体现了民本思想。在国际政治方面，儒家主张“华夷之辨”。华夷之辨在古代促进了中原先进文化的传播，在近代则成为中国现代化的障碍。

儒家有一个重视编修历史的悠久传统。子曰：“述而不作，信而好古，窃比于我老彭。”（《论语·述而》）。但是孔子编修《春秋》，不单纯记载史事，而且也通过遣词用字的方法，体现出一套褒贬倾向，借此以表达自己的思想观点，称之为“微言大义”。由于历代儒家学者的努力，中国的编年史从公元前841年（西周共和元年）开始，一直到今天，一年也没有中断过。

儒家重义轻利，重官轻商，重本抑末，与现代商品经济不相适应。儒家典籍《礼记》中所描述的大同社会是儒家思想大道之行的描述。也就是说，儒家思想的经济学，是为了人类理想社会而服务。

儒家不重视分科领域专业知识的研究。子曰：“君子不器。”朱熹的解读是：“器者，各适其用而不能相通。成德之士，体无不具，故用无不周，非特为一才一艺而已。”这是儒家轻视专门人才的思想根源。明代撰写《天工开物》的宋应星，也是六次科举不中，才转而研究科技专业知识的。

道家

道家，先秦时期的一个思想派别，以老子、庄子为主要代表。道家的思想崇尚自然，有辩证法的因素和无神论的倾向，同时主张清静无为，反对斗争。道家思想的核心是“道”，认为“道”，是宇宙的本源，也是统治宇宙中一切运动的法则。老子曾在他的著作中说：“有物混成，先天地生。寂兮寥兮，独立而不改，周行而不殆，可以为天地母。吾不知其名，强字之曰道，强为之名曰大”（《老子》第25章）。

道家哲学首先摆脱儒家社会哲学的进路，直接从天道运行的原理侧面切入，开展了以自然义、中性义为主的“道”的哲学。天道运行有其自然而然的原理在，道的哲学即是解释此原理的内涵，从而得以提出一个活泼自在的世界空间。透过对此一世界运行秩序之无定限、无执着的认识，道家哲学发展出迥然不同于儒家的社会哲学，社会只是一方存在的客体，在其中生存的人们，应有其独立自存的自由性，而不受任何意识型态的束缚。基本上道家哲学并不否定儒家的社会理想，但对于社会责任的态度并不先存立场，而能有更尊重人类自主性的态度与存在定位。

道家重视人性的自由与解放。解放一方面是人的知识能力的解放，另方面是人的生活心境的解放，前者提出了“为学日益、为道日损”、“此亦一是非彼亦一是非”的认识原理，后者提出了“谦”、“弱”、“柔”、“心斋”、“坐忘”、“化蝶”等的生活功夫来面对世界。道家讲究“人天合一”、“人天相应”、“为而不争、利而不害”，“修之于身，其德乃真”，“虚心实腹”、“乘天地之正，而御六气之辩，以游无穷”，“法于阴阳，以朴应冗，以简应繁”等等。

道家从维护个人利益的角度出发，在经济理论、社会实践方面创立了“人本”的思想观点，主张通过维护每个人的个人利益来达到社会的和谐繁荣，道家尖锐批判了以天下为根本的政治观点，认为这是“悉天下奉一身”的罪恶表现，在社会制度上主张以维护私有制的利益促进社会的“大同”，这跟当今的资本主义社会制度以私有护私有有所不一样，道家的观点是以私有来促公有。道家主张不损害个人利益，也不能侵犯个人利益，只要每一个人的利益得到应有保障，每一个人的个人利益不受到侵犯，甚至包括自然界的动物植物的利益不受侵犯，把不受侵犯的个人利益加在一起就是社会的利益得到保障，只有每个人的利益得到了保护，整个国家才能是真正的繁荣。道家的这种思想对今天的政治经济发展起到了卓越的作用。

老子像道家的理论奠定于老子，老子《道德经》一书上下五千言，字字珠玑，书中广论道的形上学义、人生智慧义，提出一种有物混成且独立自存之自然宇宙起源论，也提出世界存在与运行原理是“反者道之动”的本体论思想，对于存活于其中的人类而言，其应学习的就是处世的智慧，于是老子也提出了众多的政治、社会与人生哲学观点出来，但重点都在保身修身而不在文明的开创，可以说他是以一套宗本于智慧之道的社会哲学与理论来应对混乱的世局，而无意制造社会的新气象，因为那些都不是大道之本。

道家对中国文化的贡献是与儒家同等重要。道家为中国哲学思想中所有其它传统提供了创造力的泉源。至于道家文化在中国艺术、绘画、文学、雕刻等各方面的影响，则是占据绝对性的优势主导地位。

墨家

墨家是中国古代主要哲学派别之一，约产生于战国时期。创始人为墨翟。墨家是一个纪律严密的学术团体，其首领称“矩子”，其成员到各国为官必须推行墨家主张，所得俸禄亦须向团体奉献。墨家学派有前后期之分，前期思想主要涉及社会政治、伦理及认识论问题；后期墨家在逻辑学方面有重要贡献。

墨家的创始人是墨子。墨子，子姓墨氏名翟。《姓氏寻源》说墨氏出于宋微子，为宋微子后裔。中国战国时期著名思想家、政治家、军事家、社会活动家和自然科学家。

墨家是一个有领袖、有学说、有组织的学派，他们有强烈的社会实践精神。墨者多来自社会下层，墨者们吃苦耐劳、严于律己，把维护公理与道义看作是义不容辞的责任。墨者大多是有知识的劳动者。以“兴天下之利，除天下之害”为教育目的，尤重艰苦实践，生活清苦。墨者可以“赴汤蹈刃，死不旋踵”，意思是说至死也不后转脚跟后退。墨者中从事谈辩者，称“墨辩”；从事武侠者，称“墨侠”。墨者必须服从矩子的领导，其纪律严明，相传“墨者之法，杀人者死，伤人者刑”（《吕氏春秋·去私》）。例如矩子腹的儿子杀了人，虽得到秦惠王的宽恕，但仍坚持“杀人者死”的“墨者之法”。

按墨家的规定，被派往各国做官的墨者，必须推行墨家的政治主张；行不通时宁可辞职。另外，做官的墨者要向团体捐献俸禄，做到“有财相分”。当首领的要以身作则。

前期墨家在战国初即有很大影响，与杨朱学派并称显学。它的社会伦理思想以兼爱为核心，提倡“兼以易别”，反对儒家所强调的社会等级观念。后期墨家汇合成二支：一支注重认识论、逻辑学、几何学、几何光学、静力学等学科的研究，是谓“墨家后学”（亦称“后期墨家”），另一支则转化为秦汉社会的游侠。

战国以后，墨家已经衰微。到了西汉时，由于汉武帝的独尊儒术政策、社会心态的变化以及墨家本身并非人人可达的艰苦训练、严厉规则及高尚思想，墨家在西汉之后基本消失。

墨家著作在六朝以后逐渐流失，现代所传的《墨子》只剩下五十三篇，这些篇幅是因为被道家著作《道藏》所收录，才得以留传下来。

法家

法家是指春秋战国时期的一个学派。法家是先秦诸子中对法律最为重视的一派。他们以主张“以法治国”的“法治”而闻名，而且提出了韩非子一整套的理论和方法。这为后来建立的中央集权的秦朝制定各项政策提供了有效的理论依据，后来的汉朝继承了秦朝的集权体制以及法律体制，这就是我国古代封建社会的政治与法制主体。

法家在法理学方面做出了贡献，对于法律的起源、本质、作用以及法律同社会经济、时代要求、国家政权、伦理道德、风俗习惯、自然环境以及人口、人性的关系等基本的问题都做了探讨，而且卓有成效。

法家主要代表人物有商鞅、申不害、韩非子、李斯等。

法家思想先驱可追溯到春秋时的子产，实际创始者是战国法家前期的李悝（约公元前455—公元前395年）、商鞅、慎到、申不害等。战国末期的韩非子是法家思想的集大成者，他建立了完整的法治理论和朴素唯物主义的哲学体系。

法家思想同中国封建土地关系的产生与发展相联系，是地主阶级取代奴隶主贵族统治的理论表现。

韩非子之前，法家分三派。一派以慎到为首，主张在政治与治国方术之中，

“势”，即权力与威势最为重要。一派以申不害为首，强调“术”，政治权术。一派以商鞅为首，强调“法”，法律与规章制度。韩非子认为“不可一无，皆帝王之具也”。明君如天，执法公正，这是“法”；君王驾驭人时，神出鬼没，令人无法捉摸，这是“术”；君王拥有威严，令出如山，这是“势”。

法家战国末期的韩非集秦晋法家思想之大成，将“法”、“术”、“势”三者糅合为一，又吸收道家思想，将法治理论系统化。他主张加强君主集权，剪除私门势力，“以法为教”，厉行赏罚，奖励耕战。

法家学派的法治理论对春秋战国之际进行封建化的改革以至秦始皇统一六国，建立中央集权专制的封建国家起了重大的作用，并成为秦王朝的统治思想。到了西汉以后，独立的法家学派逐渐消失，其法治思想被吸收到儒学的体系中，德刑并用，成为维护地主阶级专政的有力工具。但是，先秦法家对以后的一些唯物主义者和进步思想家仍产生了一定的影响。

阴阳家

阴阳是古人对宇宙万物两种相反相成的性质的一种抽象，也是宇宙对立统一及思维法则的哲学范畴。阴代表消极、退守、柔弱的特性和具有这些特性的事物和现象，阳代表积极、进取、刚强的特性和具有这些特性的的事物和现象。阴阳学说的基本内容可用“对立，互根，消长，转化”八字括之。中国贤哲拈出“阴阳”二字，来表示万物两两对应、相反相成的对立统一，即《老子》所谓“万物负阴而抱阳”、《易传》所谓“一阴一阳之谓道”。

到战国时代，阴阳和五行渐渐合流，形成一种新的观念模式，便是以“阴阳消长，五行转移”为理论基础的宇宙观。阴阳家是战国时期重要学派之一，因提倡阴阳五行学说，并用它解释社会人事而得名。这一学派，当源于上古执掌天文历数的统治阶层，也称“阴阳五行学派”或“阴阳五行家”。

阴阳家的思想主要源于孔子创立的儒家和儒家所推崇的“六经”。

在自然观上，利用《周易》经传的阴阳观念，提出了宇宙演化论；又从

《尚书·禹贡》的“九州划分”进而提出“大九州”说，认为中国为赤县神州，内有小九州，外则为“大九州”之一（胡适曾在其《中国中古思想史长编》中，大为赞叹阴阳家的这一地理观念）；在历史观上，则把《尚书·洪范》的五行观改造为“五德终始”说，认为历代王朝的更替兴衰均由五行所主运；在政治伦理上，亦“止乎仁义节俭，君臣上下六亲之施”，赞成儒家仁义学说。同时强调“因阴阳之大顺”，包含若干天文、历法、气象和地理学的知识有一定的科学价值。

汉初阴阳家还存在，汉武帝罢黜百家后，部分内容融人儒家思想体系、部分内容为原始道教所吸收，作为独立学派的阴阳家便不在了。阴阳家代表人物有公梼生、公孙发、南公等人，但以邹衍最为著名。

纵横家

纵横即合纵连横。战国时以从事政治外交活动为主的一派，是诸子百家之一，创始人鬼谷子，杰出代表人物有：孙膑、庞涓、苏秦、张仪，《汉书·艺文志》列为“九流”之一。他们朝秦暮楚，事无定主，反复无常，设计划谋多从主观的政治要求出发。合纵派的主要代表是苏秦，连横派的主要代表是张仪。苏秦为赵国相位，“合纵抗秦”，并兼六国相印，威风八面。但好景不长，其“合纵”即刻瓦解，苏秦死于齐闵王车裂极刑。张仪受苏秦“提携”，做了秦国大夫，而当苏秦死后，立刻推行他的“连横”术，使苏秦的合纵坦荡无存。也为秦国最后统一国家奠定了理论基础。

纵横家出现于战国至秦汉之际，多为策辩之士，可称为中国五千年中最早也最特殊的外交政治家。他们的出现主要是因为当时割据分争，王权不能稳固统一，需要在国力富足的基础上利用联合、排斥、危逼、利诱或辅之以兵之法不战而胜，或以较少的损失获得最大的收益。他们的智谋、思想、手段、策略基本上是当时处理国与国之间问题的最好办法，是世界史上独一无二的历史阶段，其在历史条件下所创造的智慧是后世任何一个朝代都无法超越的。纵横家人物多出身贫贱，他们以布衣之身庭说诸侯，可以以三寸之舌退百万雄师，也可以以纵横之术解不测之危。苏秦佩六国相印，连六国逼秦废弃帝位；张仪雄才大略，以片言得楚六百里；唐雎机智勇敢，直斥秦王存孟尝封地；蔺相如虽非武将，但浩然正气直逼秦王，不仅完璧归赵，而且未曾使赵受辱。纵横之士智能双全，有不乏仁义之辈。

纵横家主要著作：今仅存《鬼谷子》十二篇、《战国策》三十三篇（非其门徒著，主要是纵横谋士之言行，也可以为纵横家实战演习)、《苏子》三十一篇、《张子》十篇。

兵家

中国先秦、汉初研究军事理论，从事军事活动的学派。诸子百家之一。据《汉书·艺文志》记载，兵家又分为兵权谋家、兵形势家、兵阴阳家和兵技巧家四类。兵家的代表人物有春秋时孙武、司马穰苴，战国时孙膑、吴起、尉缭、公孙鞅、赵奢、白起，汉初张良、韩信等。今有兵家著作《孙子兵法》、《孙膑兵法》、《吴子》、《六韬》、《尉缭子》等。兵家著作中含有丰富的朴素唯物论和辩证法思想。

春秋战国时代，诸侯之间不断暴发战争，从事军事的智谋有识之士，总结军事方面的经验教训，研究制胜的规律，这一类学者，古称之为兵家。凡论述军事的兵家著作，称为兵书。《汉书·艺文志·兵书略》著录汉以前兵家著作五十三家，七百九十篇，图四十三卷，分为权谋、形势、阴阳、技巧四家。吕思勉《先秦学术概论·兵家》谓：“阴阳、技巧之书，今已尽亡。权谋、形势之书，亦所存无几。大约兵阴阳家言，当有关天时，亦必涉迷信。兵技巧家言，最切实用。然今古异宜，故不传于后。兵形势之言，亦今古不同。唯其理多相通，故其存在，仍多后人所能解。至兵权谋，则专论用兵之理，凡无今古之异。兵家言之可考见古代学术思想者，断推此家矣。”

兵家主要代表人物，春秋末有孙武、司马穰苴；战国有孙膑、吴起、尉缭、魏无忌、白起等；汉初有张良、韩信等。今存兵家著作有《黄帝阴符经》、《六韬》、《三略》、《孙子兵法》、《司马法》、《孙膑兵法》、《吴子》、《尉缭子》、《将苑》、《百战奇略》、《唐太宗李卫公问对》等。各家学说虽有异同，然其中包含丰富的朴素唯物论与辩证法因素。兵家的实践活动与理论，影响当时及后世甚大，为我国古代宝贵的军事思想遗产。

杂家

杂家，中国战国末至汉初的哲学学派。以博采各家之说见长。以“兼儒墨，合名法”为特点，“于百家之道无不贯通”。《汉书·艺文志》将其列为“九流”之一。杂家的出现是统一的封建国家建立过程中思想文化融合的结果。杂家著作以秦代《吕氏春秋》、西汉《淮南子》为代表，分别为秦相吕不韦和汉淮南王刘安招集门客所集，对诸子百家兼收并蓄，但略嫌庞杂。又因杂家著作含有道家思想，故有人认为杂家实为新道家学派。“杂家”并不是一门有意识、有传承的学派，所以他也并不自命为“杂家”的流派。自从《汉书·艺文志》第一次把《吕氏春秋》归入“杂家”之后，这个学派才正式被定名。杂家，列于诸子中，是很鲜明的一派，因为它是战国末至汉初兼采各家之学的综合学派。《汉书·艺文志·诸子略》将其列为九流之一。

杂家的特点是“采儒墨之善，撮名法之要”。杂家虽只是集合众说，兼收并蓄，然而通过采集各家言论，贯彻其政治意图和学术主张，所以也可称为一家。春秋战国时代，百家争鸣，各家都有自己的对策与治国主张。为了打败其他流派，各学派或多或少的吸收其他流派的学说，或以攻诘对方，或以补自己学说的缺陷。然而，任何一个流派也都有其特色与长处，而“杂家”便是充分的利用这个特点，博采众议，成为一套在思想上兼容并蓄，却又切实可行的治国方针。

《汉书·艺文志·诸子略》载：杂家著作有《盘盂》二十六篇，《大禹》三十七篇，《五子胥》八篇，《子晚子》三十五篇，《由余》三篇，《尉缭》二十九篇，《尸子》二十篇，《吕氏春秋》二十六篇，《淮南内》二十一篇，《淮南外》三十三篇等等。其中以《吕氏春秋》、《淮南王》（但也有人认为《淮南王》一书以道家为主，兼才众家。应属道家著作才是，《淮南王》在古代也曾被划入道藏）为代表著作。杂家著作现在只留下《吕氏春秋》、《淮南子》、《尸子》（原书已佚，今仅有后人辑本）三书。

《大学》

《大学》原为《礼记》第四十二篇。宋朝程颢、程颐兄弟把它从《礼记》中抽出，编次章句。朱熹将《大学》、《中庸》、《论语》、《孟子》合编注释，称为《四书》，从此《大学》成为儒家经典。至于《大学》的作者，程颢、程颐认为是“孔氏之遗言也”。朱熹把《大学》重新编排整理，分为“经”一章，“传”十章。认为，“经一章盖孔子之言，而曾子述之；其传十章，则曾子之意而门人记之也。”就是说，“经”是孔子的话，曾子记录下来；“传”是曾子解释“经”的话，由曾子的学生记录下来。

《大学》的版本主要有两个体系：一是经朱熹编排整理，划分为经、传的《大学章句》本；一是按原有次序排列的古本，即《礼记》中的《大学》原文。以朱熹《大学章句》本，流传最广、影响最大，本篇就是采用的《大学章句》本。

《大学》为“初学入德之门也”。经一章提出了明德、亲民、止于至善三条纲领，又提出了格物、致知、诚意、正心、修身、齐家、治国、平天下八个条目。八个条目是实现三条纲领的途径。在八个条目中，修身是根本的一条，“自天子以至于庶人，壹是皆以修身为本”。十章分别解释明明德、新民、止于至善、本末、格物、致知、诚意、正心、修身、齐家、治国、平天下。明明德是指弘扬光明正大的品德。新民是指让人们革旧图新。止于至善是指要达到最好的境界。本末是指做事要分清主次，抓住根本。格物、致知是指穷究事物的原理来获得知识。诚意就是“勿自欺”，不要“掩其不善而著其善”。正心就是端正自己的心思。修身就是加强自身修养，提高自身素质。齐家就是管理好自己的家庭、家族。治国、平天下是谈治理国家的事。怎样治理国家呢？首先要作表率；自己讨厌的，不加给别人；要得众、慎得、生财、举贤。“得众则得国，失众则失国”；“有德此有人，有人此有土，有土此有财”；见贤能举，举而能先。

《中庸》

《中庸》原是《小戴礼记》中的一篇。作者为孔子后裔子思，后经秦代学者修改整理。《中庸》是被宋代学人提到突出地位上来的，宋一代探索中庸之道的文章不下百篇，但最早探索《中庸》的并非儒生，而是卒于宋真宗乾兴元年的方外之士——释智圆。智圆之后，司马光则是宋儒中论中庸较早的一个。后来北宋程颢、程颐极力尊崇《中庸》。

南宋朱熹又作《中庸章句》，并把《中庸》和《大学》、《论语》、《孟子》并列称为“四书”。宋、元以后，《中庸》成为学校官定的教科书和科举考试的必读书，对古代教育产生了极大的影响。中庸就是即不善也不恶的人的本性。从人性来讲，就是人性的本原，人的根本智慧本性。实质上用现代文字表述就是“临界点”，这就是难以把握的“中庸之道”。

中庸的中心思想是儒学中的中庸之道，它的主要内容并非现代人所普遍理解的中立、平庸，其主旨在于修养人性。其中包括学习的方式：博学之，审问之，慎思之，明辨之，笃行之。也包括儒家做人的规范如“五达道”（君臣也，父子也，夫妇也，兄弟也，朋友之交也）和“三达德”（智、仁、勇）等。中庸所追求的修养的最高境界是至诚或称至德。

《论语》

《论语》是儒家学派的经典著作之一，由孔子的弟子及其再传弟子编撰而成。它以语录体和对话文体为主，记录了孔子及其弟子言行，集中体现了孔子的政治主张、论理思想、道德观念及教育原则等。与《大学》《中庸》《孟子》《诗经》《尚书》《礼记》《易经》《春秋》并称“四书五经”。通行本《论语》共二十篇。

《论语》一书比较真实地记述了孔子及其弟子的言行，也比较集中地反映了孔子的思想。儒家创始人孔子的政治思想核心是“仁”、“礼”和“中庸”。

作为一部优秀的语录体散文集，它以言简意赅、含蓄隽永的语言，记述了孔子的言论。《论语》中所记孔子循循善诱的教诲之言，或简单应答，点到即止；或启发论辩，侃侃而谈；富于变化，娓娓动人。“学而时习之，不亦说乎？有朋自远方来，不亦乐乎？人不知而不愠，不亦君子乎？”“不患人之不己知，患不知人也。”“温故而知新，可以为师矣。”都是论语中的名言。

《孟子》

《孟子》一书是孟子的言论汇编，由孟子及其弟子共同编写而成，记录了孟子的语言、政治观点（仁政、王霸之辨、民本、格君心之非，民贵君轻）和政治行动的儒家经典著作。孟子曾仿效孔子，带领门徒游说各国。但不被当时各国所接受，退隐与弟子一起著书。《孟子》有七篇传世：《梁惠王》上下；《公孙丑》上下；《滕文公》上下；《离娄》上下；《万章》上下；《告子》上下；《尽心》上下。其学说出发点为性善论，提出“仁政”、“王道”，主张德治。南宋时朱熹将《孟子》与《论语》、《大学》、《中庸》合在一起称“四书”。从此直到清末，“四书”一直是科举必考内容。孟子的文章说理畅达，气势充沛并长于论辩。孟子在人性问题上提出性善论。

《尚书》

原称《书》，到汉代改称《尚书》，意为上代之书。《尚书》，在作为历史典籍的同时，向来被文学史家称为我国最早的散文总集，是和《诗经》并列的一个文体类别。但这散文之中，用今天的标准来看，绝大部分应属于当时官府处理国家大事的公务文书，准确地讲，它应是一部体例比较完备的公文总集。

《尚书》是我国最古的官方史书，是我国第一部上古历史文件和部分追述古代事迹著作的汇编，它保存了商周特别是西周初期的一些重要史料。《尚书》相传由孔子编撰而成，但有些篇是后来儒家补充进去的。西汉初存28篇，因用汉代通行的文字隶书抄写，称《今文尚书》。另有相传在汉武帝时从孔子住宅壁中发现的《古文尚书》（现只存篇目和少量佚文）和东晋梅赜所献的伪《古文尚书》（较《今文尚书》多16篇）。现在通行的《十三经注疏》本《尚书》，就是《今文尚书》和伪《古文尚书》的和编本。

《尚书》所录，为虞、夏、商、周各代典、谟、训、诰、誓、命等文献。其中虞、夏及商代部分文献是据传闻而写成，不尽可靠。“典”是重要史实或专题史实的记载；“谟”是记君臣谋略的；“训”是臣开导君主的话；“诰”是勉励的文告；“誓”是君主训诫士众的誓词；“命”是君主的命令。还有以人名标题的，如《盘庚》、《微子》；有以事为标题的，如《高宗肜日》、《西伯戡黎》；有以内容为标题的，如《洪范》、《无逸》。这些都属于记言散文。也有叙事较多的，如《顾命》、《尧典》。其中的《禹贡》，托言夏禹治水的记录，实为古地理志，与全书体例不一，当为后人的著述。自汉以来，《尚书》一直被视为中国封建社会的政治哲学经典，既是帝王的教科书，又是贵族子弟及士大夫必遵的“大经大法”，在历史上很有影响。

《礼记》

《礼记》是中国古代一部重要的典章制度书籍。是战国至秦汉年间儒家学者解释说明经书《仪礼》的文章选集，是一部儒家思想的资料汇编。《礼记》的作者不止一人，写作时间也有先有后，其中多数篇章可能是孔子的七十二名高足弟子及其学生们的作品，还兼收先秦的其他典籍。

《礼记》的内容主要是记载和论述先秦的礼制、礼仪，解释仪礼，记录孔子和弟子等的问答，记述修身作人的准则。实际上，这部九万字左右的著作内容广博，门类杂多，涉及到政治、法律、道德、哲学、历史、祭祀、文艺、日常生活、历法、地理等诸多方面，几乎包罗万象，集中体现了先秦儒家的政治、哲学和伦理思想，是研究先秦社会的重要资料。

《礼记》全书用记叙文形式写成，一些篇章具有相当的文学价值。有的用短小的生动故事阐明某一道理，有的气势磅礴、结构谨严，有的言简意赅、意味隽永，有的擅长心理描写和刻划，书中还收有大量富有哲理的格言、警句，精辟而深刻。

《礼记》与《仪礼》、《周礼》合称“三礼”，对中国文化产生过深远的影响，各个时代的人都从中寻找思想资源。因而，历代为《礼记》作注释的书很多，当代学者在这方面也有一些新的研究成果。

汉代把孔子定的典籍称为“经”，弟子对“经”的解说是“传”或“记”，《礼记》因此得名，即对“礼”的解释。到西汉前期《礼记》共有一百三十一篇。相传戴德选编其中八十五篇，称为《大戴礼记》；戴圣选编其中四十九篇，称为《小戴礼记》。东汉后期大戴本不流行，以小戴本专称《礼记》而且和《周礼》、《仪礼》合称“三礼”，郑玄作了注，于是地位上升为经。书中还有广泛论说礼意、阐释制度、宣扬儒家理想的内容。

宋代的理学家选中《大学》、《中庸》、《论语》和《孟子》，把他们合称为“四书”，用来作为儒学的基础读物。《诗》《书》《礼》《易》《春秋》为五经。

《周易》

“周”，东汉郑玄《易论》，认为“周”是“周普”的意思，即无所不备，周而复始。而唐代孔颖达《周易正义》认为“周”是指岐阳地名，是周朝的代称。易是变易、变化的意思，亦即阴消阳长、阳长阴消的相互变化，天下万物是常变的，如一般的太极图所显示的一样。故此《周易》是教导人面对变易的书。《周易》的诞生地就是现在的千年古县汤阴县（河南安阳的一个县城）。羑里城位于汤阴县北2千米处。《周易》是最能体现中国文化的经典，它认为世界万物是发展变化的，其变化的基本要素是阴（——）和阳（—），《周易·系辞》中说："一阴一阳之谓道。"世界上千姿百态的万物和万物的千变万化都是阴阳相互作用的结果。

《周易》研究的对象是天、地、人三才，而以人为根本。三才又各具阴阳，所以《周易》六爻而成六十四卦。正如《说卦》："立天之道曰阴与阳，立地之道曰柔与刚，立人之道曰仁与义。兼三才而两之，故《易》六画而成卦。分阴分阳，迭用刚柔，故《易》六位而成章。"乾为纯阳之卦，坤为纯阴之卦，乾坤是阴阳的总代表，也是阴阳的根本，孔子在《系辞》中说"乾坤其易之门邪"，"乾坤其易之蕴邪"。《易纬·乾凿度》中说："乾坤者，阴阳之根本，万物之祖宗也。"

通行本《周易》本经排序以《序卦》的次序为基础，而以乾、坤两卦为首。《系辞》开篇即云："天尊地卑，乾坤定矣。卑高以陈，贵贱位矣。动静有常，刚柔断矣。"《文言》是专门论述乾坤之卦德的传文，并将乾坤之德性引申发挥至人文道德范畴。说明乾、坤是《周易》中最重要的两卦，也是《周易》阴阳哲学的基础。

《周易》中运用八卦预测信息的方法的发明，正是我国人民具有唯物主义世界观的真实写照，他们在实践和好地认识社会、改造社会、推动社会不断的向前发展。所以，易卦及《周易》，是个储存量很大的信息库。《周易》历经数千年之沧桑，已成为中华文化之根。易道讲究阴阳互应、刚柔相济，提倡自强不息、厚德载物。

《周易》堪称我国文化的源头。它的内容极其丰富，对中国几千年来的政治、经济、文化等各个领域都产生了极其深刻的影响。无论孔孟之道，老庄学说，还是《孙子兵法》，抑或是《黄帝内经》，《神龙易学》，无不和《易经》有着密切的联系。

《春秋》

《春秋》，又称《麟经》(《麟史》)。是鲁国的编年史，经过了孔子的修订。记载了从鲁隐公元年（前722年）到鲁哀公十四年（前481年）的历史，是中国现存最早的一部编年体史书。《春秋》一书的史料价值很高，但不完备。《春秋》中的文字非常简练，事件的记载很简略，但242年间诸侯攻伐、盟会、篡弑及祭祀、灾异礼俗等，都有记载。它所记鲁国十二代的世次年代，完全正确，所载日食与西方学者所著《蚀经》比较，互相符合的有30多次，足证《春秋》并非古人凭空虚撰，可以定为信史。

《春秋》最初原文仅18000多字，现存版本则只有16000多字。在语言上极为精练，遣词井然有序。就因文字过于简质，后人不易理解，所以诠释之作相继出现，对书中的记载进行解释和说明，称之为“传”。其中左丘明《春秋左氏传》，公羊高《春秋公羊传》，穀梁赤《春秋穀梁传》合称《春秋三传》列入儒家经典。现《春秋》原文一般合编入《左传》作为“经”，《左传》新增内容作为“传”。

《春秋》虽然不是历史学著作，却是可贵的史料著作，因而对于研究先秦历史、尤其对于研究儒家学说以及孔子思想意义重大。

董仲舒

董仲舒（公元前179—公元前104年），汉代思想家、哲学家、政治家、教育家。汉族，汉广川郡（今河北省衡水市景县广川镇）人。汉武帝元光元年（公元前134年）任江都易王刘非国相10年；元朔四年（公元前125年），任胶西王刘端国相，4年后辞职回家。此后，居家著书，朝廷每有大议，令使者及廷尉就其家而问之，仍受武帝尊重。董仲舒以《公羊春秋》为依据，将周代以来的宗教天道观和阴阳、五行学说结合起来，吸收法家、道家、阴阳家思想，建立了一个新的思想体系，成为汉代的官方统治哲学，对当时社会所提出的一系列哲学、政治、社会、历史问题，给予了较为系统的回答。

公元前 134 年，汉武帝下诏征求治国方略。儒生董仲舒在著名的《举贤良对策》中系统地提出了“天人感应”、“大一统”学说和“罢黜百家，独尊儒术”的主张。董仲舒认为，“道之大原出于天”，自然、人事都受制于天命，因此反映天命的政治秩序和政治思想都应该是统一的。

董仲舒在新的历史条件下复兴了被扼杀达百余年之久的儒家文化，而且一个新的历史时期融会贯通了中国古典文化中各家各派的思想，把它们整合为一个崭新的思想体系。他的著作后来大都汇集在《春秋繁露》一书中。

周敦颐

周敦颐（1017 年—1073 年）字茂叔，号濂溪，汉族，宋营道楼田堡（今湖南道县）人，北宋著名哲学家，是我国理学的开山祖，他的理学思想在中国哲学史上起了承前启后的作用。“两汉而下，儒学几至大坏。千有余载，至宋中叶，周敦颐出于舂陵，乃得圣贤不传之学，作《太极图说》、《通书》，推明阴阳五行之理，明于天而性于人者，了若指掌。”《宋史·道学传》将周子创立理学学派提高到了极高的地位。

周敦颐著有《周子全书》行世。周敦颐曾在莲花峰下开设濂溪书院，世称

濂溪先生，濂溪书院是他讲学的讲坛，他的学说对以后理学的发展有很大的影响。周敦颐是把世界本原当做哲学问题进行系统讨论的创始者。

周敦颐酷爱雅丽端庄、清幽玉洁的莲花，曾于知南康军时，在府署东侧挖池种莲，名为爱莲池，池宽十余丈，中间有一石台，台上有六角亭，两侧有“之”字桥。他盛夏常漫步池畔，欣赏着缕缕清香、随风飘逸的莲花，口诵《爱莲说》。自此莲池名震遐迩。他的学问、气度，感动过许多人来追随他学习。其中最著名的，当然是程颢、程颐两兄弟。

王守仁

王守仁（1472—1529 年）汉族。浙江余姚人。字伯安，号阳明子，世称阳明先生，故又称王阳明。中国明代最著名的思想家、哲学家、文学家和军事家。陆王心学之集大成者，非但精通儒家、佛家、道家，而且能够统军征战，是中国历史上罕见的全能大儒。

王守仁曾被贬至贵州龙场驿（今贵州修文境内）而结庐阳明洞，故自号阳明子，世称阳明先生，现在一般都称他为王阳明，其学说世称“心学（或王学)”。在中国、日本、朝鲜半岛以及东南亚国家都有重要而深远的影响。

黄宗羲

明末清初经学家、史学家、思想家、地理学家、天文历算学家、教育家。学问极博，思想深邃，著作宏富，与顾炎武、王夫之并称明末清初三大思想家

（或清初三大儒）；与弟黄宗炎、黄宗会号称浙东三黄；与顾炎武、方以智、王夫之、朱舜水并称为“清初五大师”，亦有“中国思想启蒙之父”之誉。

黄宗羲多才博学，于经史百家及天文、算术、乐律以及释、道无不研究。尤其在史学上成就很大。清政府撰修《明史》，“史局大议必咨之”。而在哲学和政治思想方面，更是一位从“民本”的立场来抨击君主专制制度者，真堪称是中国思想启蒙第一人。他的政治理想主要集中在《明夷待访录》一书中。

顾炎武

顾炎武（1613—1682 年）原名绛，字忠清。明亡后改名炎武，字宁人，亦自署蒋山佣，学者尊称为亭林先生。汉族，南直隶（清改江南省）苏州府昆山县（今江苏苏州昆山）人，明末清初著名的思想家、史学家、语言学家。顾炎武与黄宗羲、王夫之并称为明末清初三大儒。

顾炎武被称作是清朝“开国儒师”、“清学开山”始祖，是著名经学家、史地学家、音韵学家。他学识渊博，在经学、史学、音韵、小学、金石考古、方志舆地以及诗文诸学上，都有较深造诣，建树了承前启后之功。他继承明季学者的反理学思潮，不仅对陆王心学作了清算，而且在性与天道、理气、道器、知行、天理人欲诸多范畴上，都显示了与程朱理学迥异的为学旨趣。顾炎武为学以经世致用的鲜明旨趣，朴实归纳的考据方法，创辟路径的探索精神，以及

他在众多学术领域的成就，宣告了晚明空疏学风的终结，开启了一代朴实学风的先路，给予清代学者以极为有益的影响。顾炎武还提倡“利国富民”，并认为“善为国者，藏之于民”。他大胆怀疑君权，并提出了具有早期民主启蒙思想色彩的“众治”的主张。他所提出的“天下兴亡，匹夫有责”这一口号，意义和影响深远，成为激励中华民族奋进的精神力量。

著作有《日知录》三十二卷；《音学五书》三十八卷，前后三十年，修改过五次。《古音表》三卷；《易音》三卷；《诗本音》十卷；《唐韵正》二十卷；《音论》三卷；《金石文字记》六卷；《天下郡国利病书》一百卷。

苏格拉底

苏格拉底（公元前469—公元前399年），著名的古希腊的思想家、哲学家，他和他的学生柏拉图及柏拉图的学生亚里士多德被并称为“古希腊三贤”。他被后人广泛认为是西方哲学的奠基者。

苏格拉底一生过着艰苦的生活。无论严寒酷暑，他都穿着一件普通的单衣，经常不穿鞋，对吃饭也不讲究。但他似乎没有注意到这些，只是专心致志地做学问。

苏格拉底终生从事教育工作，具有丰富的教育实践经验并有自己的教育理论。但是他并没有创办自己的学校。广场、庙宇、街头、商店、作坊、体育馆等等，都是他施教的场所。青年人、老年人、有钱人、穷人、农民、手艺人、贵族、平民，都是他施教的对象，不论是谁，只要向他求教，他都热情施教。苏格拉底教人是不收学费的，他是为城邦的利益而教人，是义务教师，因此苏格拉底一生都很清贫。

他认为，教育对一个人的成长非常重要。苏格拉底的教育目的是造就治国人才。关于教育的内容，他主张首先要培养人的美德，教人学会做人，成为有德行的人。其次要教人学习广博而实用的知识。

身为雅典的公民，据记载苏格拉底最后被雅典法庭以不信神和腐蚀雅典青年思想之罪名判处死刑。尽管他曾获得逃亡雅典的机会，但苏格拉底仍选择饮下毒堇汁而死，因为他认为逃亡只会进一步破坏雅典法律的权威，同时也是因为担心他逃亡后雅典将再没有好的导师可以教育人们了。

苏格拉底无论是生前还是死后，都有一大批狂热的崇拜者和一大批激烈的反对者。他一生没留下任何著作，但他的影响却是巨大的。哲学史家往往把他作为古希腊哲学发展史的分水岭，将他之前的哲学称为前苏格拉底哲学。做为一个伟大的哲学家，苏格拉底对后世的西方哲学产生了极大的影响。

德谟克利特

德谟克利特（约公元前460—公元前370年或公元前356年），古希腊的属地阿布德拉人，古希腊伟大的唯物主义哲学家，原子唯物论学说的创始人之一，率先提出原子论（万物由原子构成）。古希腊伟大哲学家留基伯（约公元前500—约公元前440年）是他的导师。

德谟克利特一生勤奋钻研学问，知识渊博，他在哲学、逻辑学、物理、数学、天文、动植物、医学、心理学、伦理学、教育学、修辞学、军事、艺术等方面都有所建树。

德谟克利特提出了圆锥体、棱锥体、球体等体积的计算方法。他对逻辑学的发展也作出了重要的贡献。他认为，万物的本原是原子和虚空。原子是不可再分的物质微粒，虚空是原子运动的场所。人们的认识是从事物中流射出来的原子形成的“影像”作用于人们的感官与心灵而产生的。在伦理观上，他强调幸福论，主张道德的标准就是快乐和幸福。

德谟克利特的著作涉及自然哲学、逻辑学、认识论、伦理学、心理学、政治、法律、天文、地理、生物和医学等许多方面，据说一共有 52 种之多，遗憾的是到今天大多数都散失或只剩下零散的残篇了。马克思和恩格斯因此赞美他是古希腊人中“第一个百科全书式的学者”。

柏拉图

柏拉图（约公元前 427 年—公元前 347 年），古希腊伟大的哲学家，也是全部西方哲学乃至整个西方文化最伟大的哲学家和思想家之一。

柏拉图出身于雅典贵族，青年时从师苏格拉底。苏氏死后，他游历四方，曾到埃及、小亚细亚和意大利南部从事政治活动，企图实现他的贵族政治理想。公元前 387 年活动失败后逃回雅典，在一所称为阿卡德米的体育馆附近设立了一所学园，此后执教 40 年，直至逝世。

学院存在了 900 多年，直到公元 529 年被查士丁尼大帝关闭为止。学院受到毕达哥拉斯的影响很大，课程设置类似于毕达哥拉斯学派的传统课题，包括了算术、几何学、天文学以及声学。据说，柏拉图在学园门口立了块碑：“不懂几何者不准入内”。学院培养出了许多知识分子，其中最杰出的是亚里士多德。柏拉图一生著述颇丰，其教学思想主要集中在《理想国》和《法律篇》中。

亚里士多德

亚里士多德（公元前384—公元前322年），古希腊斯吉塔拉人，世界古代史上最伟大的哲学家、科学家和教育家之一。是柏拉图的学生，亚历山大的老师。公元前335年，他在雅典办了一所叫吕克昂的学校，被称为逍遥学派。

亚里士多德主张教育是国家的职能，学校应由国家管理。他首先提出儿童身心发展阶段的思想；赞成雅典健美体格、和谐发展的教育，主张把天然素质，养成习惯、发展理性看作道德教育的三个源泉，但他反对女子教育，主张“文雅”教育，使教育服务于闲暇。亚里士多德一生勤奋治学，从事的学术研究涉及到逻辑学、修辞学、物理学、生物学、教育学、心理学、政治学、经济学、美学等，写下了大量的著作，他的著作是古代的百科全书，据说有四百到一千部，主要有《工具论》、《形而上学》、《物理学》、《伦理学》、《政治学》、《诗学》等。

他的思想对人类产生了深远的影响。他创立了形式逻辑学，丰富和发展了哲学的各个分支学科，对科学等作出了巨大的贡献。马克思曾称亚里士多德是古希腊哲学家中最博学的人物，恩格斯称他是古代的黑格尔。

培根

弗兰西斯·培根（1561—1626 年）是英国哲学家、思想家、作家和科学家。被马克思称为“英国唯物主义和整个现代实验科学的真正始祖”。他在逻辑学、美学、教育学方面也提出许多思想。著有《新工具》《论说随笔文集》等。

他竭力倡导“读史使人明智；读诗使人灵秀；数学使人精密；哲理使人深刻；伦理学使人有修养；逻辑修辞之学使人善辩。”

培根的哲学思想是与其社会思想是密不可分的。他是资产阶级上升时期的代表，主张发展生产，渴望探索自然，要求发展科学。他认为是经院哲学阻碍了当代科学的发展。因此他极力批判经验哲学和神学权威。

培根是第一个意识到科学及其方法论的历史意义以及它在人类生活中可能扮演的角色的人。他试图通过分析和确定科学的一般方法和表明其应用方式，给予新科学运动以发展的动力和方向。

1626 年 3 月底，培根坐车经守伦敦北郊。当时他正在潜心研究冷热理论及其实际应用问题。当路过一片雪地时，他突然想作一次实验，他宰了一只鸡，把雪填进鸡肚，以便观察冷冻在防腐上的作用。但由于他身体孱弱，经受不住风寒的侵袭，支气管炎复发，病情恶化，于 1626 年 4 月 9 日清晨病逝。

代表著作有：《学术的进展》《新工具论》《论说文集》《亨利七世本纪》《论事物的本性》《迷宫的线索》《各家哲学的批判》《自然界的大事》《论人类的知识》《培根人生论》。

迪卡尔

勒奈·笛卡儿（1596—1650 年）物理学家、数学家，笛卡儿是欧洲近代资产阶级哲学的奠基人之一，黑格尔称他为“现代哲学之父”。他自成体系，熔唯物主义与唯心主义于一炉，在哲学史上产生了深远的影响。同时，他又是一位勇于探索的科学家，他所建立的解析几何在数学史上具有划时代的意义。笛卡儿堪称17世纪的欧洲哲学界和科学界最有影响的巨匠之一，被誉为“近代科学的始祖”。

笛卡尔强调科学的目的在于造福人类，使人成为自然界的主人和统治者。笛卡尔靠着天才的直觉和严密的数学推理，在物理学方面做出了有益的贡献。笛卡尔运用他的坐标几何学从事光学研究，在《屈光学》中第一次对折射定律提出了理论上的推证。在力学上，笛卡尔发展了伽利略·伽利雷的运动相对性的思想。

在文学方面，笛卡尔把他的机械论观点应用到天体，发展了宇宙演化论，形成了他关于宇宙发生与构造的学说。笛卡尔最杰出的成就是在数学发展上创立了解析几何学。

1649年冬，笛卡尔应瑞典女王克里斯蒂安的邀请，来到了斯德哥尔摩，任宫廷哲学家，为瑞典女王授课。瑞典女王为了显示对知识的尊重，专门派一艘军舰接笛卡尔到瑞典。由于他身体孱弱，不能适应那里的气候，1650年初便患肺炎抱病不起，同年二月病逝。终年54岁。1799年法国大革命后，笛卡尔的骨灰被送到了法国历史博物馆。

勒奈·笛卡儿哲学与数学思想对历史的影响是深远的。人们在他的墓碑上刻下了这样一句话：“笛卡尔，欧洲文艺复兴以来，第一个为人类争取并保证理性权利的人。”

康德

伊曼努尔·康德（1724年4月22日—1804年2月12日）德国哲学家、天文学家、星云说的创立者之一、德国古典哲学的创始人，唯心主义，不可知论者，德国古典美学的奠定者。

伊曼努尔·康德生于1724年4月22日，1740年入哥尼斯贝格大学。从1746年起任家庭教师9年。1755年完成大学学业，取得编外讲师资格，任讲师15年。在此期间康德作为教师和著作家，声望日隆。除讲授物理学和数学外，还讲授逻辑学、形而上学、道德哲学、火器和筑城学、自然地理等。18世纪60年代，这一时期的主要著作有：《关于自然神学和道德的原则的明确性研究》、《把负数概念引进于哲学中的尝试》、《上帝存在的论证的唯一可能的根源》。所著《视灵者的幻梦》检验了有关精神世界的全部观点。1770年被任命为逻辑和形而上学教授。同年发表《论感觉界和理智界的形式和原则》。从1781年开始，9年内出版了一系列涉及广阔领域的有独创性的伟大著作，短期内带来了一场哲学思想上的革命。如《纯粹理性批判》、《实践理性批判》、《判断力批判》。1793年《在理性范围内的宗教》出版后被指控为滥用哲学，歪曲并蔑视基督教的基本教义；于是政府要求康德不得在讲课和著述中再谈论宗教问题。但1797年国王死后，他又在最后一篇重要论文《学院之争》中重新论及这一问题。《从自然科学最高原理到物理学的过渡》本来可能成为康德哲学的重要补充，但此书未能完成。1804年2月12日病逝。

黑格尔

威廉·弗里德里希·黑格尔1770年出生于一个政府公务员家庭。1788年进入图宾根神学院学习。1793年毕业后，先后在伯尔尼和法兰克福当了七年的家庭教师。1800年到耶拿，与谢林共同创办《哲学评论》杂志。次年成为耶拿大学编外讲师，四年之后成为副教授。1808 至 1816 年，他在纽伦堡当了八年的中学校长。1816 年，他被聘为海德堡大学教授。1818 年开始担任柏林大学教授，1829 年，黑格尔被任命为柏林大学校长和政府代表，1831 年死于霍乱。

黑格尔把绝对精神看做世界的本原。绝对精神并不是超越于世界之上的东西，自然、人类社会和人的精神现象都是它在不同发展阶段上的表现形式。因此，事物的更替、发展、永恒的生命过程，就是绝对精神本身。黑格尔哲学的任务和目的，就是要展示通过自然、社会和思维体现出来的绝对精神，揭示它的发展过程及其规律性，实际上是在探讨思维与存在的辩证关系，在唯心主义基础上揭示二者的辩证同一。

围绕这个基本命题，黑格尔建立起令人叹为观止的客观唯心主义体系，主要讲述绝对精神自我发展的三个阶段：逻辑学、自然哲学、精神哲学。黑格尔在论述每一个概念、事物和整个体系的发展中自始至终都贯彻了这种辩证法的原则。这是人类思想史上最惊人的大胆思考之一。恩格斯后来给其以高度的评价："近代德国哲学在黑格尔的体系中达到了顶峰，在这个体系中，黑格尔第一次——这是他的巨大功绩——把整个自然的、历史的和精神的世界描写为处于不断运动、变化、转化和发展中，并企图揭示这种运动和发展的内在联系。"

黑格尔一生著述颇丰，其代表作品有《精神现象学》、《逻辑学》、《哲学全书》、《法哲学原理》、《哲学史讲演录》、《历史哲学》和《美学》等。

政治经济篇

SI XIANG JING JI PIAN

分封制与宗法制

分封制是古代帝王分封诸侯的制度。周灭商以后，曾分封同姓和功臣为诸侯，以为蕃屏。诸侯的君位世袭，在其封国内享有统治权，但对周天子有定期朝贡和提供军赋、力役等义务。

宗法制是按照血统关系远近以区别亲疏的制度。在宗法制度下，从始祖的嫡长子开始传宗继统，并且世代均由嫡长子承继。这个系统称为大宗，嫡长子称为宗子，又称宗主，为族人共尊。和大宗相对应的是小宗。小宗都是庶子。在一般情况下，周天子都是以嫡长子继统，众庶子封为诸侯，在诸侯国内部也以实行嫡长子继承制。

它们都是西周的政治制度，二者互为表里。分封制以宗法制为基础，按宗法制的嫡长子继承，庶子分封的原则进行。宗法制则为分封制的实行提供了分封的原则和方法，保证了分封制的顺利实施和国家的稳定。

郡县制

中国古代继宗法分封制度之后出现的以郡统县的两级地方行政制度。盛行于秦汉。郡县制是古代中央集权制在地方政权上的体现，它形成于战国时期。

春秋时期已有县、郡的设置。春秋的县可分为两种类型：楚和秦的县都直属于君主；晋、吴的县多是卿大夫的封邑。两者都是直属于国君的别都，具有边防重镇的作用。楚武王灭掉权国，将其改建为县，是为设县之始。春秋后期，县制开始逐渐推行于内地。战国时期，县的设置已较广泛，并转变为作为地方政权而实行官僚制度的县制。县令为一县之长，由国君任免。县之下有乡、里等作为国家对居民进行控制的基层组织单位。郡的设置要较县为晚。秦穆公九年（公元前651），晋公子夷吾（即晋惠公）对秦国使者谈到“君实有郡县”，为秦国设郡的最早记载。而后，晋、赵、吴相继设置了郡。这一时期的郡地位比县为低，但县与郡之间并无相统属的关系。到了战国时期，有名可考的最早设置的郡当为魏文侯时的西河郡（吴起曾为西河守）、上郡和楚悼王时的宛郡。随着边防设郡之地逐渐繁盛，内地的县逐渐增多，需要建立起更高一级的管理机构，于是就形成了郡、县两级制的地方管理体系。郡守为郡之长，多由武官充任，有征兵领军之权。至战国末年，各国郡县的设立已很普遍。

秦统一后郡县制遂遍行于全国，汉继秦制，比秦更为严整。司马迁说秦始皇分天下为36郡，《晋书》以为统一后又有所增设，可达40郡之多。汉时不断增立新郡，东汉顺帝时全国共有105郡国。国指诸侯王国，武帝以后，国的地位相当于郡。一郡所统之县，一般约为20县上下，一郡总人口数以20万左右者居多，多者也可逾百万。汉代一县，其面积大约为方百里。汉代列侯所食之县曰侯国，皇后、公主所食之县曰邑，有少数族居住之县曰道。县之下置有乡、亭、里。里是民户聚集之处，犹如后世之村落。秦称郡之长官为守。汉景帝时改名太守，西汉时郡的军事平时似主要由郡尉主管。由于郡守要兼领武事，故当时人常以“郡将”称之。郡之长官，除太守外，秦置监、尉。西汉置尉而不置监。景帝时改尉为都尉。都尉和太守的治所可分设于两地。都尉也设府置官属，在郡中和太守并重，有时可代太守行事。县之长官为令、长。新莽时曾将令、长改名为“宰”。《汉书》说县满万户者，其长官称令，不满者称长。令、长的职责是掌管一县的治安、刑讼及赋敛徭役等事。令、长之下设丞一名，以主文书、仓库和监狱。又设尉，专管武事，大县则设左尉、右尉各一人。汉代的太守、令、丞、尉皆由中央任免。

郡县制确立后，中央通过考课和监察以加强对地方政权的控制。秦汉之制，郡守于每年秋冬向中央朝廷申报一年的治状，县也同样要上集簿于郡，中央或郡即在这时各对其下属进行考核，有功者可受奖赏或升迁，有过者轻则贬秩，重则免官、服刑。和考课相辅而行的是监察制。中央派郡监或刺史以监郡，郡县也各派督邮或廷掾以监县或乡。刺史、督邮等可随时按劾有罪赃的守、令或其他官吏。由于自上而下的层层督课，使得中央政令能较为顺利地贯彻到最基层，保证了政令的划一性。秦汉的郡县制代替了周的分封制，也即从地方分权演进为干强枝弱的中央集权制，为后来2000年的地方行政体制奠定了坚固的基础。东汉末年，原监察区性质的州转变为郡以上的行政区，地方行政制度始成州郡县三级。隋开皇三年（583年），罢天下诸郡，以州统县。至元，郡名完全废弃，改为行省制度。

三省六部制

三省：中书省、门下省、尚书省。六部：吏部、礼部、兵部、度支（后改为民部）、都官（后改为刑部）和工部。三省六部制是隋朝创立的。隋文帝在中央设立三师、三公、五省（尚书、门下、内史、秘书和内侍）。三师、三公只是一种荣誉虚衔。五省之中，只有尚书、门下、内史三省才是真正的中枢权力机构（秘书省掌图书典籍，职任较轻；内侍省掌侍奉宫掖，委以宦官）。三省各有明确分工。

内史省和门下省是机要之司，内史省负责起草并宣行皇帝的制诏；门下省负责审查内史省起草的制诏和尚书省拟制的奏抄；尚书令下有尚书左、右仆射各一，左仆射判吏、礼、兵三部事，右仆射判度支、都官、工部三部事。尚书令与左、右仆射及六部尚书合称“八座”。开皇三年（583年），改度支为民部；都官为刑部。

另设御史、都水二台，负责监察和水利，这样不仅加强了中央集权，而且开创了中国封建社会政治体制的新阶段。对唐及以后历代王朝影响都十分巨大。

隋的三省六部制，形式上是继承汉魏旧制，实际是总结了秦汉以来的统治经验，发展和加强了中央集权的封建国家制度，可以防止外戚大臣专权篡位和地方势力分裂割据。隋文帝建立的这一整套规模庞大、组织完备的官僚机构，表明封建制度已发展到成熟阶段。自隋定制，一直沿袭到清朝。

君主制

君主制，顾名思义即国家最高权在实际上或名义上掌握在君主个人手中，君主终身任职并且实行世袭的政权组织形式。

君主制由君主，包括国王、皇帝、天皇、苏丹等担当国家元首。君主拥有至高无上的权力，君主的意志就是法律，不受任何约束。君主实行终身制，并且是世袭的。这种政治制度已有四五千年的历史。古代的奴隶制国家、封建制国家、多实行这种专制制度。

君主制是人类历史上最古老、最普遍的政体形式。它不仅是奴隶制国家和封建制国家的主要政权组织形式，还被少数资本主义国家所采用。君主制的具体形式并不划一，也不是一成不变的。根据君主的权力大小，君主制可分为无限君主制和有限君主制。无限君主制的典型是君主专制制。有限君主制包括等级君主制和君主立宪制。奴隶制国家普遍实行君主专制制，如古代埃及、巴比伦、中国的夏商和西周。君主专制制也是封建制国家最主要的政权组织形式。在欧洲封建社会，许多国家的君主专制制是由贵族君主制经等级君主制转变而来的。在资本主义时期，君主制是资产阶级与封建贵族妥协的产物，主要表现形式为君主立宪制，具体又分为二元制君主立宪制和议会制君主立宪制。君主制在当代日趋衰落。

随着时代的进步，王室日趋平民化的风气已渐渐为大众所接受。欧洲和非洲的君主则大多“统而不治”，除了担任礼仪性的国家元首外，主要承担慈善性的社会工作。荷兰和北欧一些君主国的王室被称为“骑自行车的王室”。在崇尚肥胖的南太平洋岛国汤加，国王庆祝生日的方式是每年举行一次健美冠军赛。许多君主制国家已废除了不准王室成员与平民结婚的法律。

据统计，至今保留有君主政体的国家：亚洲有科威特、约旦、阿曼、卡塔尔、巴林、沙特阿拉伯、柬埔寨、不丹、日本、泰国、文莱；欧洲有英国、卢森堡、挪威、瑞典、西班牙、丹麦、荷兰、比利时、摩纳哥、列支敦士登；非洲有摩洛哥、莱索托、斯威士兰；大洋洲有汤加。

贵族制

贵族制，即奴隶制和封建制国家由少数贵族上层代表为统治者的政体形式。它分为两种：一种是存在于奴隶制国家的贵族共和制；另一种是存在于封建制国家的贵族君主制。贵族共和制最典型的国家是公元前5—公元1世纪的罗马共和国。国家最高官员是执政官。由公民大会从贵族中选出2人，任期1年；其他高级官员大部分也是选举的。但选举事宜以及国家的立法、行政大权由奴隶主阶级中少数显赫贵族代表组成的元老院所掌握。元老院决定国家的内外政策。贵族君主制是封建君主制的一种早期形态，是在中央王权较为软弱、地方割据势力较为强大的历史条件下出现的。以欧洲中世纪初期的法国、德国和俄国域内的一些大公国最为典型。

国家元首称国王或大公，是最高封建主，以下分为公爵、侯爵、伯爵、子爵、男爵和骑士等各级封建主，上下级间是领主与附庸的关系，根据契约确定相互的权利和义务。但每一级封建主只对直接依附者行使契约内规定的权利，对附庸的附庸无直接管辖权。国家名义上保持统一，全体封建主形式上都臣属于国王，实际上各封建主凭借武力割据一方，各自为政，分割了国王的权力，王位继承也必须在形式上得到贵族会议和公民会议的全体认可。它实际上是由国王和贵族会议共掌权力。

联邦制

联邦制是由两个或两个以上的政治实体（共和国、州、邦）结合而成的一种国家结构形式。联邦制国家由各个联邦成员组成，各成员单位先于联邦国家存在。联邦成员国在联邦国家成立之前，是单独的享有主权的政治实体；加入联邦之后，虽然不再有完全独立的主权，但在联邦宪法规定的范围内，联邦成员的主权仍受到法律的保护，联邦成员有自己的宪法和法律。在组成联邦制国家时，联邦成员单位把各自的部分权力让渡给联邦政府，同时又保留了部分管理内部事务的权力。

联邦制国家的特点是：第一，国家整体与组成部分之间是一种联盟关系，联邦政府行使国家主权，是对外交往的主体。第二，联邦设有国家最高立法机关和行政机关，行使国家最高权力，领导其联邦成员。第三，实行联邦制的国家都认同于统一的联邦宪法，遵从代表国家利益的统一法律。第四，联邦各成员国有自己的立法和行政机关，有自己的宪法、法律和统一的国籍，管理本国内的财政、税收、文化、教育等公共行政事务。第五，联邦和各成员国的权限划分，由联邦宪法规定。如果联邦宪法与成员国的宪法发生冲突，以联邦宪法和法律为准。

在当今世界近200个国家中，虽然只有20多个联邦制国家，可是，它们的人口总数在22亿以上，而且占了世界大约1/2的土地。具体有：阿根廷、澳大利亚联邦、奥地利、比利时、巴西、加拿大、科摩洛、埃塞俄比亚、德意志联邦共和国、印度共和国、伊拉克、马来西亚、墨西哥合众国、尼日利亚、巴基斯坦、俄罗斯联邦、苏丹、瑞士、阿拉伯联合大公国、美利坚合众国、委内瑞拉、尼泊尔。

共和制

共和制是指国家的权力机关和国家元首由选举产生并有一定任期的政权组织形式。共和政体区别于君主政体，而且是作为君主政体的相对面而存在的。资本主义民主共和制根据立法机关与行政机关关系的不同，可分为议会制共和制和总统制共和制。在议会制共和制国家中，议会拥有立法、组织和监督政府（内阁）等权力：政府（内阁）由占议会多数席位的政党或政党联盟来组织，政府对议会负责，当议会通过对政府不信任案时，政府就得辞职或呈请国家元首解散议会，重新选举；作为国家元首的总统只拥有虚位，没有实权。实行议会制共和制的国家有法兰西第三共和国、意大利、德国、奥地利、印度等。而在总统制共和制国家中，总统既是国家元首又是政府首脑，总揽行政权力，统率陆、海、空三军，行政机关（政府）和立法机关（议会）相互独立；由当选的总统组织政府。美国是历史上最早实行总统制共和制的典型国家。墨西哥、巴西、阿根廷、埃及、印度尼西亚等国也实行总统制共和制。

内阁制

内阁制是内阁总揽国家行政权力并对议会负责的政体形式。与总统制相对。由于内阁制政府具有对议会全权负责的特征，故又称责任内阁制、议会内阁制。

起源

内阁制起源于18世纪初的英国，由枢密院外交委员会演变而来，以后为许多国家采用。内阁制的内阁是以议会为基础产生的。内阁首相通常由在议会中占多数席位的政党或政党联盟的领袖担任。首相从政见基本相同的议员中挑选阁员人选，提请国家元首任命，组织内阁。国家元首对内对外名义上代表国家，但并无实际行政权力，由内阁代表国家元首对议会全权负责。元首颁布法律、法令和发布文告时，都必须由首相或有关阁员副署。内阁接受议会的监督，定期向议会报告工作。如内阁得不到议会信任，其阁员必须集体辞职，或由内阁提请国家元首解散议会，重新举行议会大选。新议会如果仍对内阁表示不信任，内阁则必须总辞职，由国家元首任命新首相组织新政府。首相（或总理）是内阁政府首脑，主持内阁会议，总揽政务，拥有任免内阁成员和所有政府高级官员的权力，负责制定和执行国家对内对外的重大方针政策。由于各国的情况不同，宪法赋予首相（或总理）的权力大小也不尽相同。

总统制

总统制是资产阶级民主共和国的一种政权组织形式，与议会内阁制相对称，指由选民分别选举总统和国会，由总统担任国家元首，同时担任政府首脑的制度。实行总统制的国家，在宪法中都规定了总统的职权。美国是最早实行总统制的国家。它实行立法、司法、行政三权分立并互相制衡的制度。与议会内阁制相比较，总统制的特点是以总统为行政首脑，行政机关从属于总统而非议会。在总统制下，总统独立于议会之外，定期由公民直接或间接选举；总统只向人民负责，不对议会负责。有些国家虽然也设总统，但总统只是国家元首，不兼任政府首脑，内阁由议会产生，只对议会负责。这种情况不属总统制。

美国是实行总统制的典型，其特点是：总统既是国家元首，又是政府首脑，还兼任武装部队总司令。总统的实际权力非常广泛。总统直接组织和领导政府。政府不对国会负责，只对总统个人负责。总统有权接受部长的辞职或解除其职务。内阁由总统指定的官员（通常为各部部长）组成，只是总统的集体顾问。国家的立法机关和行政机关完全分立，权力相互制衡。议员和政府官员不得相互兼任，国会无倒阁权，政府也无解散国会的权力。但国会行使立法权受总统的制约，如美国总统对国会通过的法案可行使否决权，但国会再以 2/3 多数通过，不经总统批准即可成为法律。总统的权力也受国会的制约，如总统对政府高级官员的任命要得到参议院的认可，总统和政府高级官员如违宪犯法，国会可提出弹劾。

优点：总统在任职期间，没有因政见不同而倒台的风险，可以积极推行政策，在行政与立法相互制约的情况下，行政权力高度集中，运作效率充分发挥，适应形势的变化。缺点：在议会中反对党占多数时，行政与立法常在个别问题上陷于僵局，如总统执行错误政策，选民与议会也不能在其任期届满之前使他（她）下台。

民主集中制

民主集中制是在高度民主的基础上实行高度集中的制度，民主是集中指导下的民主，在集中的前提下发扬民主，所以民主集中制的重点在集中制。是无产阶级政党、社会主义国家机关和人民团体的根本的组织原则。它规定了领导和群众、上级和下级、部分和整体、组织和个人的正确关系，是胜利推进革命和建设事业的重要保证。

中央集权制

中央集权制是国家权力集中于中央政府的制度。与“地方分权”相对立。它要求地方政府必须服从中央政府，接受中央政府的领导和监督，执行中央政府的法律、法令和政策。地方政府领导人由中央政府提名或任命。对中央政府负责，地方重要事务要上报或请示中央政府。不同国家的中央集权程度不同，即使同一国家，在不同时期、不同地区，中央集权的程度也不一样，如自治区域地方政府有较大权力。中国是统一多民族国家，自秦汉以来，一直实行中央集权制。中华人民共和国成立后，成为单一制的社会主义国家，实行全国范围的中央统一领导体制，少数民族聚居地则实行自治。欧洲在16世纪建立以封建君主专制为核心的中央集权制国家。中央集权制在历史上起过防止分裂、巩固国家统一、促进国内经济文化交流和发展的进步作用。

两党制

所谓两党制，是指在一个资本主义国家中，由两个势均力敌的政党通过竞选取得议会多数席位，或者赢得总统选举的胜利而轮流执掌政权的政党制度。是指一国内两大政党轮流执政的政治制度，并不是说实行两党制的国家内只存在两个执政党。

两党制最初产生于17世纪的“英国”，当时在议会中有两个政党：一个是代表新兴资产阶级和新贵族利益的辉格党（后改称自由党）；一个是代表地主阶级和封建贵族利益的托利党（后改称保守党）。两党交替执掌政权，后来逐渐形成一种制度，被美国等其他资本主义国家相继采用。至今仍流行于英国、美国、澳大利亚、加拿大、新西兰等国。实行两党制的国家，通常是每隔几年进行一次议会选举或总统选举，由在议会中获得多数议席或当选为总统的一个政党组织政府，成为执政党；竞选失败的另一个政党成为反对党，不参加政府，只监督或牵制执政党的活动。

多党制

多党制是指在一个国家中，通常由不确定的两个或两个以上的政党联合执政的政治制度。多党制国家中也有一个政党控制多数议席而单独组阁的情况，但那只是一种特殊情况。多党制起源于法国。1789年法国大革命后，有30多个政治派别在活动，并且参加了当时国民议会的选举。这些派别势均力敌，没有一个派别能够左右政局，取得稳定的多数。各个派别未了争取议会多数上台执政，便组成联盟参加竞选。

1875年法兰西第三共和国宪法通过以后，法国正式确立多党制的政党制度。随着议会制度在欧洲大陆的推行和发展，德国、意大利、爱尔兰、比利时、卢森堡、荷兰、丹麦、希腊等国也实行了多党制。

联合国

联合国是一个由主权国家组成的国际组织。在1945年10月24日在美国加州旧金山签定生效的《联合国宪章》标志着联合国正式成立。在第二次世界大战前，存在着一个类似于联合国的组织国际联盟，通常可以认为是联合国的前身。联合国对所有接受《联合国宪章》的义务以及履行这些义务的“热爱和平的国家”开放。到2008年为止，联合国共有192个成员国。现任联合国秘书长：潘基文（1944年6月13日出生于韩国，前大韩民国外交通商部长官）。联合国大会总部所在地：美国纽约、瑞士日内瓦、奥地利维也纳；工作语言：阿拉伯语、汉语、英语、法语、俄语、西班牙语。

根据《联合国宪章》第三章第七条之规定，联合国设有联合国大会、联合国安全理事会、联合国经济及社会理事会、联合国托管理事会、国际法院和联合国秘书处等6个联合国主要机构（联合国主要机关）。（注：联合国人权理事会现在是联合国大会的附属机构，直接向联合国所有会员国负责。）

联合国创建于世界反法西斯战争胜利的凯歌声中。联合国这一名称是美国总统罗斯福提出，1942年1月1日，正在对德国、意大利、日本法西斯作战的中国、美国、英国、苏联等26国代表在华盛顿发表了《联合国家宣言》。1945年4月25日，来自50个国家的代表在美国旧金山召开“联合国家国际组织会议”。6月16日，50个国家的代表签署了《联合国宪章》，后又有波兰补签。同年10月24日，中华民国、法兰西、苏维埃社会主义共和国联盟、大不列颠及北爱尔兰联合王国、美利坚合众国和其他多数签字国递交了批准书后，宪章开始生效，联合国正式成立。1947年，联合国大会决定，10月24日为联合国日。1946年1月10日至2月14日，第一届联合国大会第一阶段会议在伦敦举行。51个创始会员国的代表参加了这次会议，联合国组织系统正式开始运作。

联合国作为当今世界最大、最重要、最具代表性和权威的国际组织，其国际集体安全机制的功能已经得到国际社会的普遍认可。近年来，联合国在维护世界和平，缓和国际紧张局势，解决地区冲突方面，在协调国际经济关系，促进世界各国经济、科学、文化的合作与交流方面，都发挥着积极的作用。

七十七国集团

77 国集团是一个经济组织，它是发展中国家为改变国际经济贸易中的被动地位，改善日益恶化的交往环境，为阻止发展中国家国际收支逆差不断扩大而建立起来的。它的前身是 75 国集团，1963 年第 18 届联合国大会讨论召开贸易和发展会议时，73 个亚、非、拉国家和南斯拉夫、新西兰共同提出一个联合宣言，形成“75 国集团”。后来肯尼亚、韩国、越南加入，新西兰宣布退出。第 18 届联合国大会讨论召开贸易和发展会议时，与会的 75 国发展中国家发表“联合宣言”，因此形成 75 国集团。1964 年 6 月 15 日在日内瓦召开的第一届联合国贸易和发展会议上，发达国家和发展中国家在一些重大问题上产生尖锐分歧。77 个发展中国家和地区联合起来，再次发表了《77 国联合宣言》，要求建立新的、公正的国际经济秩序，并以此组成一个集团参加联合国贸易和发展会议的谈判，因而该集团被称为 77 国集团。1967 年，77 国集团第一次部长级会议在阿尔及利亚举行，会议通过了该组织的宪章。截至 2008 年 6 月，77 国集团有正式成员 134 个。

77 国集团没有正式的组织章程，是广大发展中国家的一个松散的磋商机制。议事时采取协商一致的原则作出决定。但在主要的国际经济机构中都有它的组织。它在联合国、贸易和发展会议、工业发展组织中的活动尤为活跃。每届联大和贸发会议举行之前该集团通常举行部长级会议，协调立场，研究对策，部长级会议是该组织的最高权力机构。

77 国集团的宗旨是加强发展中国家在国际经济领域的合作，采取一致立场反对超级大国和帝国主义的控制、剥削和掠夺。77 国集团成立多年来，已成为发展中国家在国际经济组织中共同利益的代表。它在促进南南合作、推动南北对话、为维护自己的正当权益以及改变不合理的国际经济秩序进行了不懈的努力，并取得了可喜的成就，在联合国贸易和发展会议主持的谈判中达成了一系列对发展中国家有利的国际公约和协定。

八国集团

所谓八国集团，指的是八大工业国美国、英国、法国、德国、意大利、加拿大、日本，加上俄罗斯。严格地讲，它并非一个严密的国际组织，以八国集团标志往被称为“富国俱乐部”。在 8 个国家里，除俄罗斯之外的 7 个国家是核心成员国，也就是以前的七国集团（G7)。20 世纪 70 年代，世界主要资本主义国家的经济形势一度恶化，接连发生的“美元危机”、“石油危机”、“布雷顿森林体系”瓦解和 1973—1975 年的严重经济危机把西方国家弄得焦头烂额。为共同解决世界经济和货币危机，协调经济政策，重振西方经济，1975 年 7 月初，法国首先倡议召开由法国、美国、日本、英国、西德和意大利六国参加的最高级首脑会议，后来，加拿大（1976 年)、俄罗斯（1998 年）分别加入。八国集团成员国的国家元首每年召开一次会议，即八国集团首脑会议，简称“八国峰会”。

东南亚国家联盟

东南亚国家联盟，简称东盟。东盟的前身是马来亚（现马来西亚)、菲律宾和泰国于 1961 年 7 月 31 日在曼谷成立的东南亚联盟。1967 年 8 月 7—8 日，印度尼西亚、泰国、新加坡、菲律宾四国外长和马来西亚副总理在曼谷举行会议，发表了《曼谷宣言》，正式宣告东南亚国家联盟成立。1976 年 8 月 28—29 日，马、泰、菲三国在吉隆坡举行部长级会议，决定由东南亚国家联盟取代东南亚联盟。截至2009年底，有10个成员国：文莱（1984年）、柬埔寨（1999年）、印度尼西亚、老挝（1997年）、马来西亚、缅甸（1997年）、菲律宾、新加坡、泰国、越南（1995年）。《东南亚国家联盟成立宣言》确定的宗旨和目标是：(1) 以平等与协作精神，共同努力促进本地区的经济增长、社会进步和文化发展；(2) 遵循正义、国家关系准则和《联合国宪章》，促进本地区的和平与稳定；(3) 促进经济、社会、文化、技术和科学等问题的合作与相互支援；(4) 在教育、职业和技术及行政训练和研究设施方面互相支援；(5) 在充分利用农业和工业、扩大贸易、改善交通运输、提高人民生活水平方面进行更有效的合作；(6) 促进对东南亚问题的研究；(7) 同具有相似宗旨和目标的国际和地区组织保持紧密和互利的合作，探寻与其更紧密的合作途径。

欧洲联盟

欧洲联盟（英文名称：European Union），简称欧盟（EU），总部设在比利时首都布鲁塞尔，是由欧洲共同体（European Community，又称欧洲共同市场）发展而来的，主要经历了三个阶段：荷卢比三国经济联盟、欧洲共同体、欧盟。其实是一个集政治实体和经济实体于一身、在世界上具有重要影响的区域一体化组织。1991年12月，欧洲共同体马斯特里赫特首脑会议通过《欧洲联盟条约》，通称《马斯特里赫特条约》（简称《马约》）。1993年11月1日，《马约》正式生效，欧盟正式诞生。

欧共体创始国为法国、联邦德国、意大利、荷兰、比利时和卢森堡六国。至2009年1月止共有27个成员国，他们是英国、法国、德国、意大利、荷兰、比利时、卢森堡、丹麦、爱尔兰、希腊、葡萄牙、西班牙、奥地利、瑞典、芬兰、马耳他、塞浦路斯、波兰、匈牙利、捷克、斯洛伐克、斯洛文尼亚、爱沙尼亚、拉脱维亚、立陶宛、罗马尼亚、保加利亚。人口5亿，GDP14.5万亿美元。欧盟的宗旨是“通过建立无内部边界的空间，加强经济、社会的协调发展和建立最终实行统一货币的经济货币联盟，促进成员国经济和社会的均衡发展”，“通过实行共同外交和安全政策，在国际舞台上弘扬联盟的个性”。欧盟的盟旗是蓝色底上的十二星旗，普遍说法是因为欧盟一开始只有 12 个国家，代表了欧盟的开端。实际上这个十二星旗代表的是圣母玛利亚的十二星冠，寓意圣母玛利亚将永远保佑欧洲联盟。欧盟 27 国总面积 432. 2 万平方千米。

欧洲共同体的基础文件《罗马条约》规定其宗旨是：在欧洲各国人民之间建立不断的、愈益密切的、联合的基础，清除分裂欧洲的壁垒，保证各国经济和社会的进步，不断改善人民生活和就业的条件，并通过共同贸易政策促进国际交换。在修改《罗马条约》的《欧洲单一文件》中强调：欧共体及欧洲合作旨在共同切实促进欧洲团结的发展，共同为维护世界和平与安全作出应有的贡献。欧共体下设：

1. 理事会。包括欧洲联盟理事会和欧洲理事会。欧洲联盟理事会原称部长理事会，是欧共体的决策机构，拥有欧共体的绝大部分立法权。

2. 委员会。欧共体委员会是常设执行机构。负责实施欧共体条约和欧共体理事会作出的决定，向理事会和欧洲议会提出报告和建议，处理欧共体日常事务，代表欧共体进行对外联系和贸易等方面的谈判。

3. 欧洲议会。欧共体监督、咨询机构。欧洲议会有部分预算决定权，并可以 2/3 多数弹劾委员会，迫其集体辞职。

4. 欧洲法院。欧共体的仲裁机构。负责审理和裁决在执行欧共体条约和有关规定中发生的各种争执。

5. 审计院。欧共体审计院成立于 1977 年 10 月，由 12 人组成，均由理事会在征得欧洲议会同意后予以任命。审计院负责审计欧共体及其各机构的账目，审查欧共体收支状况，并确保对欧共体财政进行正常管理。其所在地为卢森堡。此外，欧共体还设有经济和社会委员会、欧洲煤钢共同体咨询委员会、欧洲投资银行等机构。

非洲联盟

非洲联盟（简称非盟；英语：African Union，AU）是一个包涵了53个非洲会员国的联盟，是属于集政治、经济和军事于一体的全洲性政治实体。前身是1963年在埃塞俄比亚首都亚的斯亚贝巴成立的“非洲团结组织”。2002年7月在南非改组。非洲联盟于未来有计划统一使用货币、联合防御力量、以及成立跨国家的机关，这包括一个管理非洲联盟的内阁政府。此联盟的主要目的是帮助发展及稳固非洲的民主、人权、以及能永续发展的经济，除此之外亦希望减少非洲内部的武装战乱及创造一个有效的共同市场，最终目标是建立非洲合众国。

非洲联盟相当于欧盟或是一些美国所建立的一些国际的组织，都具有政治上和实体上的意义。这个非洲最高的政治组织，代表由会员国所选派出来的首长担任，透过投票的方式选出该会当年的主席。现任的主席由贾卡亚坦尚尼亚总统担任，是由2008年1月第9届高峰会所票选出的，而非联委员会的总书记是加彭的吉安平出任。

非联包括了几乎所有的非洲国家（除了摩洛哥因为他反对西萨哈拉民主共和国拥有其会员国的资格）。然而在非联里摩洛哥拥有特殊的代表地位，他能享有其他会员国相等的优惠和权利（例如：非洲发展银行），并致力于解决西非数个领土有争议的地区。

阿拉伯国家联盟

阿盟是世界上最早成立的地区性国际组织。为加强阿拉伯国家联合与合作而建立的地区性国际组织。简称阿拉伯联盟或阿盟。1945年3月，埃及、伊拉克、约旦、黎巴嫩、沙特阿拉伯、叙利亚和也门7个阿拉伯国家的代表在开罗举行会议，通过了《阿拉伯国家联盟条约》，宣告联盟成立。到1993年共有22个成员国。宗旨是加强成员国之间的密切合作，维护阿拉伯国家的独立与主权，协调彼此的活动。组织机构主要有首脑会议、联盟理事会和秘书处，总部设在开罗。联盟成员国自成立后陆续缔结了一些加强各方面合作的条约、协定，在维护本地区石油国权益、支持巴勒斯坦人民正义事业，处理阿拉伯国家间分歧和解决本地区国家间冲突方面发挥了积极的作用，是当代国际社会，尤其是中东地区的重要政治力量。

密切成员国间的合作关系，协调彼此间的政治活动，捍卫阿拉伯国家的独立和主权，全面考虑阿拉伯国家的事务和利益，各成员国在经济、财政、交通、文化、卫生、社会福利、国籍、护照、签证、判决的执行以及引渡等方面进行密切合作。成员国相互尊重国家的政治制度，彼此之间的争端不得诉诸武力解决，成员国与其他国家缔结的条约和协定对其它国无约束力。

截止到2008年，有22个成员国：阿尔及利亚、阿联酋、阿曼、埃及、巴勒斯坦、巴林、吉布提、卡塔尔、科威特、黎巴嫩、利比亚、毛里塔尼亚、摩洛哥、沙特、苏丹、索马里、突尼斯、叙利亚、也门、伊拉克、约旦、科摩罗。阿盟宪章规定，阿盟总部的永久地址为埃及首都开罗。

上海合作组织

上海合作组织的前身是“上海五国”机制。而“上海五国”机制发源于20世纪80年代末开始的、以中国为一方和以俄、哈、吉、塔四国为另一方的关于加强边境地区信任和裁军的谈判进程的组织。上海合作组织是第一个以中国城市命名的国际组织，它进一步加强了我国与周边国家的关系。

2001年6月14日至15日，“上海五国”元首在上海举行第六次会晤，乌兹别克斯坦以完全平等的身份加入“上海五国”。并在次日，6国元首举行首次会晤并签署《上海合作组织成立宣言》，上海合作组织正式成立。六国元首还签署了《打击恐怖主义、分裂主义和极端主义上海公约》。同年9月，上海合作组织成员国总理在阿拉木图举行首次会晤。六国总理在会晤中一致决定启动六国多边经贸合作进程，宣布正式建立上海合作组织框架内的总理定期会晤机制。中亚五国中除了土库曼斯坦外，均加入了上海合作组织。上海合作组织成员有：中国、哈萨克斯坦、吉尔吉斯斯坦、俄罗斯、塔吉克斯坦和乌兹别克斯坦；观察员国家有：蒙古国、伊朗、巴基斯坦和印度。对话伙伴国：白俄罗斯和斯里兰卡。

欧佩克

1960 年 9 月，由伊朗、伊拉克、科威特、沙特阿拉伯和委内瑞拉的代表在巴格达开会，决定联合起来共同对付西方石油公司，维护石油收入，14 日，五国宣告成立石油输出国组织（Organization of Petroleum Exporting Countries——OPEC），简称“欧佩克”。随着成员的增加，欧佩克发展成为亚洲、非洲和拉丁美洲一些主要石油生产国的国际性石油组织。欧佩克总部设在维也纳。现在，欧佩克指在通过消除有害的、不必要的价格波动，确保国际石油市场上石油价格的稳定，保证各成员国在任何情况下都能获得稳定的石油收入，并为石油消费国提供足够、经济、长期的石油供应。宗旨：协调和统一各成员国的石油政策，并确定以最适宜的手段来维护它们各自和共同的利益。

欧佩克大会是该组织的最高权力机构，各成员国向大会派出以石油、矿产和能源部长（大臣）为首的代表团。欧佩克理事会类似于普通商业机构的理事会，由各成员国提名并经大会通过的理事组成，每两年为一届。欧佩克秘书处依据欧佩克组织条例，在理事会的领导下负责行使该组织的行政性职能。欧佩克各成员国的代表（主要是代表团团长）在欧佩克大会上对其石油政策加以协调、统一，以促进石油市场的稳定与繁荣。欧佩克秘书处负责该组织的日常事务，接受理事会的指令，由秘书长直接领导。欧佩克下设的经济委员会、部长监察委员会等多个执行机构，则履行咨询、磋商、协调等多项职能。欧佩克组织在近年曾多次使得石油价格暴涨来抗衡美国等西方发达国家。为平衡世界力量有不可小觑的作用。

文学艺术篇

WEN XUE YI SHU PIAN

《诗经》

《诗经》是我国第一部诗歌总集，收入自西周初年至春秋中叶五百多年的诗歌311篇，又称《诗三百》。先秦称为《诗》，或取其整数称《诗三百》。西汉时被尊为儒家经典，始称《诗经》，并沿用至今。

《诗经》共有风、雅、颂三个部分。其中“风”包括“十五国风”，“风”又叫“国风”，是各地的歌谣。诗经有诗160篇，是《诗经》中的核心内容；“雅”分“大雅”、“小雅”，有诗105篇；“颂”分“周颂”、“鲁颂”、“商颂”，有诗40篇。是“五怪”之一。诗经距今已有2500年的历史。

《诗经》全面地展示了中国周代时期的社会生活，真实地反映了中国奴隶社会从兴盛到衰败时期的历史面貌。其中有些诗，如《大雅》中的《生民》、《公刘》、《绵》、《皇矣》、《大明》等，记载了后稷降生到武王伐纣，是周部族起源、发展和立国的历史叙事诗。

有些诗，如《魏风·硕鼠》、《魏风·伐檀》等，以冷嘲热讽的笔调形象地揭示出奴隶主贪婪成性、不劳而获的寄生本性，唱出了人民反抗的呼声和对理想生活的向往，显示了奴隶制崩溃时期奴隶们的觉醒；有些诗，如《小雅·何草不黄》、《豳风·东山》、《唐风·鸨羽》、《小雅·采薇》等写征夫思家恋土和对战争的哀怨；《王风·君子于役》、《卫风·伯兮》等表现了思妇对征人的怀念。它们从不同的角度反映了西周时期不合理的兵役制度和战争徭役给人民带来的无穷痛苦和灾难。有些诗，如《周南·芣苢》完整地刻画了妇女们采集车前子的劳动过程；《豳风·七月》记叙了奴隶一年四季的劳动生活；《小雅·无羊》反映了奴隶们的牧羊生活。

还有不少诗表现了青年男女的爱情生活，如《秦风·兼葭》表现了男女之间如梦的追求；《郑风·溱洧》、《邶风·静女》表现了男女之间戏谑的欢会；《王风·采葛》表现了男女之间痛苦的相思；《卫风·木瓜》、《召南·摽有梅》表现了男女之间的相互馈赠；《庸风·柏舟》、《郑风·将仲子》则反映了家长的干涉和社会舆论给青年男女带来的痛苦；另如《邶风·谷风》、《卫风》还抒写了弃妇的哀怨，愤怒谴责了男子的忘恩负义，反映了阶级社会中广大妇女的悲惨命运。

《诗经》以四言为主，兼有杂言。在结构上多采用重章叠句的形式加强抒情效果。每一章只变换几个字，却能收到回旋跌宕的艺术效果。在语言上多采用双声叠韵、叠字连绵词来状物、拟声、穷貌。“以少总多，情貌无遗”。此外，《诗经》在押韵上有的句句押韵，有的隔句押韵，有的一韵到底，有的中途转韵，现代诗歌的用韵规律在《诗经》中几乎都已经具备了。

《诗经》是中国现实主义文学的光辉起点。由于其内容丰富、思想和艺术上的高度成就，在中国以至世界文化史上都占有重要地位。它开创了中国诗歌的优秀传统，对后世文学产生了不可磨灭的影响。《诗经》的影响还越出中国的国界而走向全世界。

《左传》

《左传》原名为《左氏春秋》，汉代改称《春秋左氏传》，简称《左传》。旧时相传是春秋末年左丘明为解释孔子的《春秋》而作。《左传》实质上是一部独立撰写的史书。它起自鲁隐公元年（前 722 年），迄于鲁悼公十四年（前 453 年），以《春秋》为本，通过记述春秋时期的具体史实来说明《春秋》的纲目，是儒家重要经典之一。它与《春秋公羊传》、《春秋穀梁传》合称“春秋三传”。《左传》的作者，司马迁和班固都证明是左丘明，这是目前最为可信的史料。

《左传》对后世的影响也首先体现在历史学方面。它不仅发展了《春秋》的编年体，并引录保存了当时流行的一部分应用文，给后世应用写作的发展提供了借鉴。仅据宋人陈骙在《文则》中列举，就有命、誓、盟、祷、谏、让、书、对等八种之多，实际还远不止此，后人认为檄文也源于《左传》。

诸子散文

诸子散文指的是战国时期各个学派的著作，反映着不同学派的思想倾向、政治主张和哲学观点。春秋战国时期，“百家竞作，九流并起。”各种思想流派的代表人物纷纷著书立说，宣传自己的社会政治主张。诸子的文章，各具风采。在这一时期比较重要的有儒、法、道、墨四家。

诸子散文是在先秦理性精神觉醒的背景下和百家争鸣的学术氛围中形成并繁荣起来的。诸子散文的发展大体上经历了三个阶段：

1. 春秋战国之交

以《论语》、《墨子》、《老子》为代表。《论语》以语录体的形式记述了孔子及其弟子的言行，比较集中地反映了早期儒家的思想和活动。《墨子》是一部墨子及其后学的著作的汇编，反映的是墨家学派所代表的小生产者的思想。其艺术特点是文质意显，富于逻辑性。《老子》基本上是道家创始人老子的著作，它以玄深的哲理思辩和精妙的诗一般的语言相结合，显示着独特的艺术风格。

2. 战国中期

以《孟子》、《庄子》为代表，它们都以对话体的形式出现。《孟子》孟子及其弟子的著作，反映了战国中期儒家思想的面貌。《孟子》的散文体现着语录体向专题性论文的过渡，其突出的文学成就在于高超的论辩艺术。《庄子》是庄周及其后学的著作，亦是道家的又一部经典。其文章以独特的艺术造诣绝响于先秦诸子之中，奇妙的构思、汪洋恣肆的语言、浪漫的风格，都体现了在诸子散文中的独特地位和辉煌的文学成就。

3. **战国末期**

以《荀子》、《韩非子》、《吕氏春秋》为代表，它们多为专论文的形式。《荀子》一书多为荀子自作，其思想体系博大精深，是儒学的进一步发展。其文章多为结构严谨、论说周详的专题性论文，标志着先秦说理散文进入了完全成熟的阶段。《韩非子》是法家思想的集大成之作，文章峭拔锋锐、质朴无华，体现着法家文章的基本特色。《吕氏春秋》是吕不韦集门客的集体创作，体制宏大、内容博杂、兼收并蓄是先秦学术思想的一次大规模的总结，也具有较强的文学性。

屈原与楚辞

楚辞是战国后期产生于楚国的一种诗歌样式。楚国僻处南方，有着独特的地理环境和优越的自然条件，政治制度、文化传统和风俗习惯与黄河流域诸国有很大差异，因而被视为“南蛮”。到春秋时代，楚国强大起来，成为“五霸”之一；至战国时代，各国政治、文化交流频繁，楚国开始大量接受中原文化，但仍保持着自己的文化特色。楚辞便是在这样的文化土壤中诞生的诗歌体裁，其创始者就是中国历史上第一位伟大的爱国诗人屈原。

屈原（约公元前340—公元前278年），名平，字原。他出身楚国贵族，年青时就表现出杰出的才能，做了楚怀王的左徒（官名），协助怀王筹划国家大事，发布政令；对外接待各国使者，处理外交事务，很得怀王信任。这样就招来一些人的妒嫉。他的政敌上官大夫在怀王面前造他的谣，说屈原居功自傲，连怀王也不放在眼里，怀王就怒而疏远了屈原。

当时在战国“七雄”中，最强大的是秦、齐、楚三国，“合纵”、“连横”的斗争非常激烈，最后谁能取胜，就由这三国的内政外交的得失来决定。屈原在楚国内政上主张选贤任能，励精图治，企图建立一个理想的如尧舜禹汤时代的社会；在外交上则主张联齐合纵，对抗强秦的连横。由于怀王疏远了他，屈原这些正确的主张都未能实行。怀王是个昏庸的君主，在秦惠王的离间和诱惑下，接连上当，断绝了和齐国的联盟关系，结果损兵折将，丢失土地，国势渐渐衰弱下来。秦昭王继位后，提出和楚通婚，约怀王相会，屈原极力劝阻怀王不要再上当。但怀王在其幼子子兰的怂恿下还是去了，结果遭到秦国的武力劫持，死在秦国。怀王的长子顷襄王继位，令尹子兰和上官大夫等人又在顷襄王面前构陷屈原，顷襄王一怒之下把屈原流放到江南。

屈原晚年在沅水、湘水流域长期过着流放生活，眼看祖国日益衰弱，即将被秦灭亡，自己报效君王的抱负不得施展，忧心如焚，无日可了，写了大量抒发忧愤的诗作，最后在绝望中投汨罗江自尽。

屈原留在世上的作品有《离骚》、《九章》、《九歌》、《天问》等，《招魂》也可能是他的作品。

司马迁和《史记》

司马迁（公元前145，一说公元前135—公元前87年?），字子长，夏阳龙门（今陕西韩城北）人。史官世家出身。其父司马谈精通天文、历史和诸子之学，尤好黄老，著有《论六家要旨》，武帝初为太史令。他的学识和道家倾向，对司马迁有直接影响。司马迁少年时代在家乡耕牧读书，10岁左右诵读古文。约17岁时，又从董仲舒学《公羊春秋》，向孔安国请教古文《尚书》。20多岁南游江淮，北至齐鲁，复转而南游，过梁、楚以归。30岁左右为郎中。35岁曾奉命出使巴蜀以南，到过川、云、贵的一些地方。36岁又曾侍从武帝泰山封禅。这些经历，使他对文化典籍、历史传说、山川地理、人文风俗、民族状况、社会现实多所了解，为他日后写作《史记》，打下了坚实基础。司马谈有志于《史记》，未就而卒。三年后，司马迁继承父业，做了太史令，遍览皇家所藏史料、图籍和档案。42岁时，正式开始《史记》的写作。

天汉二年（公元前99年），李陵兵败投降匈奴，武帝大怒。司马迁称言李陵之功，因而以“诬上”下狱。家贫无以自赎，交游莫救，出于创作《史记》的考虑，他被迫接受腐刑。这使他对武帝的横暴，法吏的残忍，上层社会的冷酷等，有了深切体会，生死观也发生了重大变化，认识到“人固有一死，死有重于泰山，或轻于鸿毛”，为他发愤写作《史记》增加了动力。出狱后，任中书令，忍辱负重，续撰《史记》。大约征和二年（公元前 91 年），他完成了《史记》创作，此后不久，与世长辞。

除《史记》外，司马迁还存有《报任安书》、《悲士不遇赋》及《素王妙论》佚文。

《史记》本是史书的泛称。司马迁之作原名为《太史公书》，汉人多以此相称，也有称《太史公记》、《太史公百三十篇》的。东汉末灵帝时方有《史记》之称。

《史记》是我国第一部纪传体通史，记叙了自黄帝到汉武帝太初年间约三千年的历史。全书共 130 篇，52 万余字，由本纪、书、表、世家、列传五体组成。本纪共 12 篇，主要叙述帝王事迹；表十篇，是各代的历史大事记；书八篇，是天文、历法、水利、经济、文化、艺术等方面的专史；世家 30 篇，主要叙述贵族侯王的历史；列传 70 篇，主要是各种不同类型、不同阶层的人物的传记，少数是叙述国外和国内少数民族首领的历史。其中本纪、世家、列传是全书的主体，其写法上的共同特点是“以人系事”。五体之外，互见法和“君子曰”的评论也是《史记》的重要体例，对后世亦有重大影响。

《史记》是司马迁以“不虚美，不隐恶”、“扬善贬恶”的史家实录精神写就的。它如实记录了上古到汉各阶层不同地位、不同职业人物的生平活动，内容极为丰富生动，具有鲜明的倾向性。

再次，《史记》对酷吏残害无辜的罪行和谀儒的丑态也进行了暴露和谴责。

《史记》在揭露和批判邪恶、腐败、庸俗的同时，还运用大量篇幅记录了“明君”“贤臣”、反抗强暴的英雄及中下层一些人物的事迹，歌颂了他们的历史贡献和优秀品质。歌颂“明君”“贤臣”，是他社会理想的正面寄托。

对于反抗暴秦的英雄人物，司马迁也给予了热情歌颂。陈涉是抗秦先锋，司马迁将其起义与汤武革命、孔子作《春秋》相提并论，并把陈涉列入“世家”与诸侯同视，给其以相当高的历史地位。另一位抗秦英雄项羽，司马迁亦不以成败论之，饱含同情地描写了其一生事迹，肯定了他摧毁暴秦主力的历史功绩，并写入“本纪”，与帝王同列。

此外，《史记》还描写了一些中下层人物，作者都给予了充分肯定和由衷赞扬。其中最突出的是对游侠的称赞。汉武帝对游侠是严惩不贷的，而司马迁公开唱反调，为鸣不平，并立专传，记载其事迹，颂扬其见义勇为而又廉洁退让的高贵品质。

《史记》不仅是“史家之绝唱”，也是“无韵之《离骚》”，具有高度的文学成就。

汉代乐府民歌

“乐府”一词，在古代具有多种涵义。最初是指主管音乐的官府。汉代人把乐府配乐演唱的诗称为“歌诗”，这种“歌诗”在魏晋以后也称为“乐府”。同时，魏晋六朝文人用乐府旧题写作的诗，有合乐有不合乐的，也一概称为“乐府”。继而在唐代出现了不用乐府旧题而只是仿照乐府诗的某种特点写作的诗，被称为“新乐府”或“系乐府”。宋元以后，“乐府”又用作词、曲的别称。因这两种诗歌的分支，最初也都配乐演唱的。所以，我们需要把中国文学史上的不同意义的“乐府”区别清楚。

掌管音乐的官方机构，在先秦时就有了。以“乐府”为这种机构的名称，约始于秦代。1977年秦始皇陵附近出土的编钟上，铸有“乐府”二字。汉承秦制，也设有专门的乐府机构。史载惠帝时有“乐府令”之职。到了武帝时，乐府机构的规模和职能都被大大扩大了，其具体任务包括制定乐谱、训练乐工、搜集民歌及制作歌辞等。朝廷典礼所用的乐章，如西汉前期的《房中乐》和西汉中期的《郊祀歌》等，主要是由文人写作的；在普通场合演唱的歌辞，则主要是从各地搜集来的民歌。所用的音乐，主要也是来自民间，也有一部分来自西域的音乐。为了区别于文人制作的乐府歌辞，习惯上把采自民间的歌辞称为“乐府民歌”。需要说明，这里所说的“民歌”，同样是泛指产生于民间的群众性、社会性创作，而不是专指“劳动人民”的作品。《汉书·艺文志》说，统治者采集民间歌谣具有“观风俗知厚薄”的目的，这恐怕是按照儒家理想加以美化的解释，其实主要为了娱乐。

《汉书·艺文志》还列出西汉所采集的138首民歌所属地域，其范围遍及全国各地。但是这些乐府民歌流传下来的不多，一般认为现存汉代乐府民歌，大都是东汉乐府机构所采集的。这些作品基本上都收入了宋代郭茂倩所编的专书《乐府诗集》。郭茂倩将自汉至唐的乐府诗分为12类，其中包含有汉乐府的为郊庙歌辞、鼓吹曲辞、相和歌辞、杂曲歌辞这四类。“郊庙”一类中都是由文人制作的朝廷典礼乐章，民歌则主要保存在“相和”、“鼓吹”、“杂曲”这三类中，尤以“相和”类中为多。“相和”是一种“丝竹相和”的管弦乐曲，也是汉代民间的主要乐曲；“鼓吹曲”是武帝时吸收北方民族音乐而形成的军乐；“杂曲”是原来音乐归类已经失传的作品。

汉代文学的主流是文人创作，文人创作的主流是辞赋。乐府民歌作为民间的创作，是非主流的存在。它与文人文学虽有一致的地方，但更多不一致之处。这种非主流的民间创作，以其强大的生命力逐渐影响了文人的创作，最终促使诗歌蓬勃兴起，取代了辞赋对文坛的统治。所以，它在中国文学史上，有着极其重要的地位。

李白

李白（701 年—762 年），字太白，号青莲居士，汉族，又号“谪仙人”（贺知章评李白，杜甫的《饮中八仙歌》也写李白“天子呼来不上船，自称臣是酒中仙”），彰明人。祖籍陇西成纪（现甘肃省秦安县陇城），李白是其父从中原被贬中亚西域的碎叶城（今吉尔吉斯斯坦的托克马克市）所生，4 岁再迁回四川绵州昌隆县（今四川省江油市），另一说法生于四川省江油市青莲乡。我国唐代伟大的浪漫主义诗人，被后人尊称为“诗仙”，与杜甫并称为“李杜”。李白出生于盛唐时期，但他的一生，绝大部分却在漫游中度过，游历遍迹了大半个中国。

李白 20 岁时只身出川，开始了广泛漫游，南到洞庭湘江，东至吴、越，寓居在安陆（今湖北省安陆市）、应山（今湖北省广水市）。他到处游历，希望结交朋友，拜谒社会名流，从而得到引荐，一举登上高位，去实现政治理想和抱负。可是，十年漫游，却一事无成。他又继续北上太原、长安（今陕西西安），东到齐、鲁各地，并寓居山东任城（今山东济宁）。

这时他已结交了不少名流，创作了大量优秀诗篇。李白不愿应试做官，希望依靠自身才华，通过他人举荐走向仕途，但一直未得人赏识。他曾给当朝名士韩荆州写过一篇《与韩荆州书》，以此自荐，但未得回复。

直到天宝元年（742 年），因道士吴筠的推荐，李白被召至长安，供奉翰林，文章风采，名震天下。李白初因才气为玄宗所赏识，后因不能见容于权贵，在京仅三年，就弃官而去，仍然继续他那飘荡四方的流浪生活。

安史之乱发生的第二年（756 年），他感愤时艰，曾参加了永王李璘的幕府。不幸，永王与肃宗发生了争夺帝位的斗争，兵败之后，李白受牵累，流放夜郎（今贵州境内），途中遇赦。晚年漂泊东南一带，依当涂县令李阳冰（李白族叔），不久即病卒。

杜甫

杜甫（712 年—770 年）字子美，自号少陵野老，汉族，河南巩县（今河南巩义市）人。世称杜工部、杜拾遗，盛唐时期伟大的现实主义诗人。

杜甫是我国唐代伟大的现实主义诗人、世界文化名人。杜甫曾任左拾遗、检校工部员外郎，因此后世称其杜工部。以古体、律诗见长，风格多样，以“沉郁顿挫”四字准确概括出他自己的作品风格，而以沉郁为主。杜甫生活在唐朝由盛转衰的历史时期，其诗多涉笔社会动荡、政治黑暗、人民疾苦，他的诗反映当时社会矛盾和人民疾苦，因而被誉为“诗史”。杜甫忧国忧民，人格高尚，诗艺精湛。杜甫一生写诗 1400 多首，其中很多是传颂千古的名篇，比如“三吏”和“三别”，并有《杜工部集》传世；其中“三吏”为《石壕吏》《新安吏》和《潼关吏》，“三别”为《新婚别》《无家别》和《垂老别》。是杜甫现实主义诗歌的杰作。

它真实地描写了特定环境下的县吏、关吏、老妇、老翁、新娘、征夫等人的思想、感情、行动、语言，生动地反映了那个时期的社会现实和广大劳动人民深重的灾难和痛苦，展示给人们一幕幕凄惨的人生悲剧。在这些人生苦难的描述中，一方面，诗人对饱受苦难的人民寄予深深的同情，对官吏给于人民的奴役和迫害深恶痛绝；另一方面，他又拥护王朝的平乱战争，希望人民忍受苦难，与王朝合作平定叛乱。这种复杂、矛盾的思想是符合诗人忧国忧民的思想面貌的。杜甫的诗篇流传数量是唐诗里最多最广泛的，是唐代最杰出的诗人之一，对后世影响深远。

韩愈

韩愈（768 年—824 年）字退之，谥号文公，唐河内河阳（今河南孟州市）人。自谓郡望昌黎，世称韩昌黎。

唐代古文运动倡导者，宋代苏轼称他“文起八代之衰”，明人推崇他为唐宋散文八大家之首，与柳宗元并称“韩柳”，杜牧把韩文与杜诗并列，称为“杜诗韩笔”，有“文章巨公”和“百代文宗”之名。著有《韩昌黎集》四十卷，《外集》十卷，《师说》等。

韩愈三岁丧父，其兄韩会及嫂抚养之。韩会能文章，对韩愈有影响。早年流离困顿，有读书经世之志，虽孤贫却刻苦好学。贞元二年（786 年），19 岁的韩愈赴长安参加进士考试，三试不第，直到贞元八年（792 年）第四次应考，才考中进士。此后又连续三次应吏部博学鸿词科考试，皆不中。直到 29 岁才在汴州董晋幕府中谋得一个观察推官的微小官职，后回京任四门博士。36 岁时，任监察御史，不久因上书论天旱人饥状，请减免赋税，而被贬为阳山县令。宪宗时北归，为国子博士，累官至太子右庶子，但不得志。此后直到 50 岁，官职一直浮沉不定。元和十二年，韩愈 50 岁时，因参与平定淮西吴元济之役表现出处理军国大事的才能，迁为吏部侍郎，进入朝廷上层统治集团。但两年后，他却因上表谏迎佛骨而触怒宪宗，险些被宪宗处死，幸得裴度等大臣挽救，才免于一死，被贬为潮州（在今广东）刺史。在潮州八个月，宦官杀宪宗，立穆宗，韩愈被召回朝，后历官国子祭酒、兵部侍郎、吏部侍郎、京兆尹等职，政治上较有作为。长庆四年（824 年）病逝于长安，终年 57 岁。

韩愈是唐代著名的散文家和重要诗人，其诗力求险怪新奇，雄浑而重气势。韩愈时代的诗坛，已开始突破了大历诗人的狭小天地。韩愈更是别开生面，也创建了一个新的诗歌流派。韩愈的散文、诗歌创作，实现了自己的理论。其赋、诗、论、说、传、记、颂、赞、书、序、哀辞、祭文、碑志、状、表、杂文等各种体裁的作品，均有卓越的成就。

柳宗元

柳宗元（773 年—819 年），字子厚，世称“柳河东”，因官终柳州刺史，又称“柳柳州”。汉族，祖籍河东（今山西省永济市）。唐代文学家、哲学家、散文家和思想家，与韩愈共同倡导唐代古文运动，并称为“韩柳”。与刘禹锡并称“刘柳”。与王维、孟浩然、韦应物并称“王孟韦柳”。与唐代的韩愈、宋代的欧阳修、苏洵、苏轼、苏辙、王安石和曾巩，并称为“唐宋八大家”。唐代宗大历八年（773 年）出生于京都长安（今陕西省西安市）。

柳宗元出身于官宦家庭，少有才名，早有大志。早年为考进士，文以辞采华丽为工。贞元九年（793）中进士，十四年登博学鸿词科，授集贤殿正字。一度为蓝田尉，后入朝为官，积极参与王叔文集团政治革新，迁礼部员外郎。永贞元年（805）九月，革新失败，贬邵州刺史，十一月柳宗元加贬永州司马（任所在今湖南省永州市零陵区），在此期间，写下了著名的《永州八记》（《始得西山宴游记》、《钴鉧潭记》、《钴鉧潭西小丘记》、《至小丘小石潭记》、《袁家渴记》、《石渠记》、《石涧记》、《小石城山记》）。元和十年（815）春回京师，又出为柳州刺史，政绩卓著。宪宗元和十四年十一月初八（819 年 11 月 28 日）卒于柳州任所。交往甚蕃，刘禹锡、白居易等都是他的好友。

柳宗元一生留诗文作品达 600 余篇，其文的成就大于诗。骈文有近百篇，散文论说性强，笔锋犀利，讽刺辛辣。游记写景状物，多所寄托。哲学著作有《天说》、《天对》、《封建论》等。柳宗元的作品由唐代刘禹锡保存下来，并编成集。有《柳河东集》、《柳宗元集》。

李商隐

李商隐，晚唐著名诗人。擅长骈文写作，诗作文学价值也很高，他和杜牧合称“小李杜”，与温庭筠合称为“温李”，因诗文与同时期的段成式、温庭筠风格相近，且三人都在家族里排行第十六，故并称为“三十六体”。其诗构思新奇，风格浓丽，尤其是一些爱情诗写得缠绵悱恻，为人传诵。但过于隐晦迷离，难于索解，至有“诗家总爱西昆好，独恨无人作郑笺”之说。因处于牛李党争的夹缝之中，一生很不得志。死后葬于家乡沁阳（今沁阳与博爱县交界之处）。

晚唐唐诗在前辈的光芒照耀下大有大不如前的趋势，而李商隐却又将唐诗推向了又一次高峰，是晚唐最著名的诗人，杜牧与他齐名。两人并称“小李杜”，与李贺、李白合称三李。李商隐通常被视作唐代后期最杰出的诗人，其诗风受李贺影响颇深，在句法、章法和结构方面则受到杜甫和韩愈的影响。许多评论家认为，在唐朝的优秀诗人中，他的重要性仅次于杜甫、李白、王维等人。

李商隐的诗具有鲜明而独特的艺术风格，文辞清丽、意韵深微，有些诗可作多种解释，好用典，有些诗较晦涩。现存约 600 首，特别是其中的无题诗堪称一绝，而最为突出的便是他的爱情诗。李商隐擅作七律和五言排律，七绝也有不少杰出的作品。

杜牧

杜牧（803 年—约 852 年），字牧之，号樊川居士，汉族，京兆万年（今陕西西安）人，唐代诗人。杜牧人称“小杜”，以别于杜甫。与李商隐并称“小李杜”。因晚年居长安南樊川别墅，故后世称“杜樊川”，著有《樊川文集》。

杜牧的文学创作有多方面的成就，诗、赋、古文都堪称名家。他主张凡为文以意为主，以气为辅，以辞采章句为之兵卫，对作品内容与形式的关系有比较正确的理解。并能吸收、融化前人的长处，以形成自已特殊的风貌。在诗歌创作上，杜牧与晚唐另一位杰出的诗人李商隐齐名，并称“小李杜”。他的古体诗受杜甫、韩愈的影响，题材广阔，笔力峭健。他的近体诗则以文词清丽、情韵跌宕见长。七律《早雁》用比兴托物的手法，对遭受回纥侵扰而流离失所的北方边塞人民表示怀念，婉曲而有余味。《九日齐山登高》却是以豪放的笔调写自已旷达的胸怀，而又寓有深沉的悲慨。晚唐诗歌的总的趋向是藻绘绮密，杜牧受时代风气影响，也有注重辞采的一面。这种重辞采的共同倾向和他个人“雄姿英发”的特色相结合，风华流美而又神韵疏朗，气势豪宕而又精致婉约。

欧阳修

欧阳修（1007 年—1073 年），字永叔，号醉翁，又号六一居士。汉族，吉安永丰（今属江西）人，自称庐陵（今永丰县沙溪人）。谥号文忠，世称欧阳文忠公，北宋卓越的文学家、史学家。欧阳修在我国文学史上有着重要的地位。他继承了韩愈古文运动的精神。作为宋代诗文革新运动的领袖人物，他的文论和创作实绩，对当时以及后代都有很大影响。

欧阳修因吉州原属庐陵郡，出生于绵州（今四川绵阳），北宋时期政治家、文学家、史学家和诗人。与韩愈、柳宗元、宋王安石、苏洵、苏轼、苏辙、曾巩合称“唐宋八大家”。仁宗时，累擢知制诰、翰林学士；英宗，官至枢密副使、参知政事；神宗朝，迁兵部尚书，以太子少师致仕。卒谥文忠。其于政治和文学方面都主张革新，既是范仲淹庆历新政的支持者，也是北宋诗文革新运动的领导者。又喜奖掖后进，苏轼兄弟及曾巩、王安石皆出其门下。创作实绩亦灿然可观，诗、词、散文均为一时之冠。散文说理畅达，抒情委婉；诗风与散文近似，重气势而能流畅自然；其词深婉清丽，承袭南唐余风。

在滁州时，自号醉翁。晚年自号六一居士，曰：吾《集古录》一千卷，藏书一万卷，有琴一张，有棋一局，而常置酒一壶，吾老于其间，是为六一。欧公一带儒宗，风流自命。词章窈眇，世所矜式。乃小人或作艳曲，谬为公词。

欧阳修曾与宋祁合修《新唐书》，并独撰《新五代史》。又喜收集金石文字，编为《集古录》。有《欧阳文忠公文集》。诗歌《踏莎行》。并著作著名的《醉翁亭记》。欧阳文忠公近体乐府：词集名。三卷。南宋罗泌编次。收入《欧阳文忠公文集》，又有影宋刻单行本。明毛晋《宋六十名家词》本改题《六一词》，仅一卷，据前本而有所删节。另有影宋本《醉翁琴趣外编》六卷，多有《近体乐府》未收之词。公集三代以来金石刻为一千卷。代表作有《醉翁亭记》。

欧阳修一生著述繁富，成绩斐然。除文学外，经学研究《诗》、《易》、《春秋》，能不拘守前人之说，有独到见解；金石学为开辟之功，编辑和整理了周代至隋唐的金石器物、铭文碑刻上千，并撰写成《集古录跋尾》十卷四百多篇，简称《集古录》，是今存最早的金石学著作；史学成就尤伟，除了参加修定《新唐书》250卷外，又自撰《五代史记》（《新五代史》），总结五代的历史经验，意在引为鉴戒。

苏轼

苏轼（1037 年—1101 年），字子瞻，又字和仲，号“东坡居士”，世人称其为“苏东坡”。汉族，眉州（今四川眉山，北宋时为眉山城）人，祖籍栾城。北宋著名文学家、书画家、词人、诗人，美食家，唐宋八大家之一，豪放派词人代表。其诗、词、赋、散文，均成就极高，且善书法和绘画，是中国文学艺术史上罕见的全才，也是中国数千年历史上被公认文学艺术造诣最杰出的大家之一。其散文与欧阳修并称欧苏；诗与黄庭坚并称苏黄；词与辛弃疾并称苏辛；书法名列“苏、黄、米、蔡”北宋四大书法家之一；其画则开创了湖州画派。

苏轼的文学观点和欧阳修一脉相承，但更强调文学的独创性、表现力和艺术价值。他的文学思想强调“有为而作”，崇尚自然，摆脱束缚，“出新意于法度之中，寄妙理于豪放之外”。他认为作文应达到“如行云流水，初无定质，但常行于所当行，常止于所不可不止。文理自然，姿态横生”（《答谢民师书》）的艺术境界。

苏诗现存约 4000 首，其诗内容广阔，风格多样，而以豪放为主，笔力纵横，穷极变幻，具有浪漫主义色彩，为宋诗发展开辟了新的道路。其诗清新豪健，善用夸张比喻，在艺术表现方面独具风格。少数诗篇也能反映民间疾苦，指责统治者的奢侈骄纵。词开豪放一派，对后代很有影响。《念奴娇·赤壁怀古》、《水调歌头·丙辰中秋》传诵甚广。诗文有《东坡七集》等。

苏轼的词现存 340 多首，冲破了专写男女恋情和离愁别绪的狭窄题材，具有广阔的社会内容。苏轼在我国词史上占有特殊的地位。他将北宋诗文革新运动的精神，扩大到词的领域，扫除了晚唐五代以来的传统词风，开创了与婉约派并立的豪放词派，扩大了词的题材，丰富了词的意境，冲破了诗庄词媚的界限，对词的革新和发展做出了重大贡献。

苏轼还擅长行、楷书，与黄庭坚、米芾、蔡襄并称“宋四家”。他曾遍学晋、唐、五代名家，得力于王僧虔、李邕、徐浩、颜真卿、杨凝式，而自成一家，自创新意。用笔丰腴跌宕，有天真烂漫之趣。自云：“我书造意本无法”；又云：“自出新意，不践古人。”黄庭坚说他：“早年用笔精到，不及老大渐近自然”；又云：“到黄州后掣笔极有力。”晚年又挟有海外风涛之势，加之学问、胸襟、识见处处过人，而一生又屡经坎坷，其书法风格丰腴跌宕，天真浩瀚，观其书法即可想象其为人。

苏轼在绘画方面画墨竹，师文同（即文与可），比文更加简劲，且具掀舞之势。其论书画均有卓见，论画影响更为深远。如重视神似，认为“论画以形似，见与儿童邻”，主张画外有情，画要有寄托，反对形似，反对程式束缚，提倡“诗画本一律，天工与清新”，并明确提出“士人画”的概念等，高度评价“诗中有画，画中有诗”的艺术造诣。为其后“文人画”的发展奠定了理论基础。存世书迹有《黄州寒食诗》、《赤壁赋》、《答谢民师论文》与《祭黄几道文》、《前赤壁赋》等。存世画迹有《古木怪石图卷》、《竹石图》；又近年发现的《潇湘竹石图卷》也是他的作品。

苏轼在才俊辈出的宋代，在诗、文、词、书、画等方面均取得了登峰造极的成就。是中国历史上少有的文学和艺术天才。

辛弃疾

辛弃疾（1140—1207年），南宋爱国词人。原字坦夫，改字幼安，中年名所居曰稼轩，因此自号“稼轩居士”。汉族，历城（今山东省济南市历城区遥墙镇四风闸村）人。辛弃疾存词600多首。强烈的爱国主义思想和战斗精神是辛词的基本思想内容。他是我国历史上伟大的豪放派词人、爱国者、军事家和政治家。

辛弃疾历任湖北、江西、湖南、福建、浙东安抚使等职。出生前13年，山东一带即已为金兵侵占，21岁参加抗金义军，不久归南宋。绍兴三十一年（1161年）率两千民众参加北方抗金义军，次年奉表归南宋。一生坚决主张抗击金兵，收复失地。曾进奏《美芹十论》，分析敌我形势，提出强兵复国的具体规划；又上宰相《九议》，进一步阐发《美芹十论》的思想，都未得到采纳和施行。在各地上任他认真革除积弊，积极整军备战，又累遭投降派掣肘，甚至受到革职处分，曾在江西上饶一带长期闲居。光复故国的伟大志向得不到施展，一腔忠愤发而为词，其独特的词作风格被称为“稼轩体”。造就了南宋词坛一代大家。其词热情洋溢，慷慨悲壮。笔力雄厚，艺术风格多样，而以豪放为主。有《稼轩长短句》。今人辑有《辛稼轩诗文钞存》。

宋宁宗开禧元年（公元1205年），辛弃疾任镇江知府，时年65岁，登临北固亭，感叹对自己报国无门的失望，凭高望远，抚今追昔，于是写下了《永遇乐·京口北固亭怀古》这篇传唱千古之作。但他又一次受到了沉重打击，在一些谏官的攻击下被迫离职，于当年重回故宅闲居。虽然后两年都曾被召任职，无奈年老多病，身体衰弱，终于在开禧三年秋天溘然长逝，享年67岁。

其词抒写力图恢复国家统一的爱国热情，倾诉壮志难酬的悲愤，对南宋上层统治集团的屈辱投降进行揭露和批判；也有不少吟咏祖国河山的作品。艺术风格多样，而以豪放为主。热情洋溢，慷慨悲壮，笔力雄厚，与苏轼并称为“苏辛”。《破阵子·为陈同甫赋壮词以寄之》、《永遇乐·京口北固亭怀古》、《水龙吟·登建康赏心亭》、《菩萨蛮·书江西造口壁》等均有名。但部分作品也流露出抱负不能实现而产生的消极情绪，有《稼轩长短句》，当代注本以邓广铭先生作的《稼轩词编年笺注》最为流行。今人辑有《辛稼轩诗文钞存》。

王实甫与《西厢记》

王实甫是元代著名杂剧《西厢记》的作者，但是关于他生平情况的历史记载却很少。王实甫是大都（今北京）人。后人推测他的生卒年大约是1260—1336年，主要创作活动大约在元成宗元贞、大德年间（1295年—1307年），这正是元杂剧的鼎盛时期。

王实甫早年曾经为官，宦途坎坷，他常在演出杂剧及歌舞的游艺场所出入，是个不为封建礼法所拘、与倡优（当时的演员）有密切交往的文人。晚年弃官归隐，过着吟风弄月，纵游园林的生活。

王实甫的杂剧如今仅存《西厢记》、《破窑记》和《丽春园》等 13 种。其中最著名的《西厢记》共五本，是王实甫的代表作，在元代和明代就为人推重，被称为杂剧之冠。剧本描写书生张生在寺庙中遇见崔相国之女崔莺莺，两人产生爱情，通过婢女红娘的帮助，历经坎坷，终于冲破封建礼教束缚而结合的故事。

王实甫的杂剧《西厢记》有鲜明、深刻的反封建的主题。张生和崔莺莺的恋爱故事，已经不再停留在“才子佳人”的模式上，也没有把“夫贵妻荣”作为婚姻的理想。他们否定了封建社会传统的联姻方式，始终追求真挚的感情，爱情已被置于功名利禄之上。《西厢记》结尾处，在中国文学史上第一次正面地表达了“愿普天下有情人都成眷属”的美好愿望，表达了反对封建礼教、封建婚姻制度、封建等级制度的进步主张，鼓舞了青年男女为争取爱情自由、婚姻自主而抗争。

《西厢记》之所以能成为元杂剧的“压卷”之作，不仅在于其表现了反对封建礼教和封建婚姻制度的进步思想，而且它在戏剧冲突、结构安排、人物塑造等方面，都取得了很高的艺术成就。

《西厢记》的戏剧冲突有两条线索。一条是封建势力的代表“老夫人”与崔莺莺、张生、红娘之间展开的冲突。这是维护封建礼教的封建势力和反对封建礼教、追求婚姻自主的叛逆者之间的冲突。此外，《西厢记》还有由崔莺莺、张生、红娘之间的种种矛盾引起的另一条戏剧冲突的线索，这些冲突虽然属次要，却是大量的，错综复杂的，常常和主要矛盾交织在一起，互相影响，推动戏剧情节一环扣一环地发展，具有强烈的戏剧效果。这正是《西厢记》令人叫绝之处。《西厢记》的角色不多，戏却很多，情节曲折。

《西厢记》的结构规模在中国戏剧史上是空前的。它突破了元杂剧的一般惯例，用长篇巨制来表现一个曲折动人的完整的爱情故事。因此它避免了其他元杂剧由于篇幅限制而造成的剧情简单化和某种程度的模式化的缺点，能够游刃有余地展开情节、刻划人物。这是王实甫的一个创举。

《西厢记》最突出的艺术成是成功地塑造了栩栩如生、性格各异的人物形象。王实甫很善于按照人物的地位、身份、教养以及彼此之间的具体关系，准确地把握人物的性格特征；并且调动多种艺术手段，生动、鲜明地将其表现出来。崔莺莺、张生、红娘、老夫人都由于王实甫的卓越才能而成为不朽的艺术典型。

王实甫的《西厢记》问世以后，在中国文学史上产生了广泛而深远的影响。其版本数量众多，流传至今的明清刻本约有一百种。明清两代的众多学者对《西厢记》评价很高，直到近现代，《西厢记》的各种版本依旧活跃在舞台上，备受人们的赞赏。

三言二拍

三言二拍是指明代五本著名传奇短篇小说集及拟话本集的合称。“三言”即《喻世明言》、《警世通言》、《醒世恒言》的合称。作者为明代冯梦龙。“二拍”则是中国拟话本小说集《初刻拍案惊奇》和《二刻拍案惊奇》的合称。作者凌蒙初。

冯梦龙编的“三言”每集40篇，共120篇。分别刊于天启元年（1621年）前后、天启四年（1624年）、七年（1627年）。这些作品有的是辑录了宋元明以来的旧本，但一般都做了不同程度的修改；也有的是据文言笔记、传奇小说、戏曲、历史故事，乃至社会传闻再创作而成，故“三言”包容了旧本的汇辑和新著的创作，是我国白话短篇小说在说唱艺术的基础上，经过文人的整理加工到文人进行独立创作的开始。它“极摹人情世态之歧，备写悲欢离合之致”(笑花主人《今古奇观序》)，是宋元明三代最重要的一部白话短篇小说的总集。它的出现，标志着古代白话短篇小说整理和创作高潮的到来。

三言中每一章都讲了一个道理，但有的章节秽语甚多，而有的则故事情节引人入胜，比如《醒世恒言》中有一章《卖油郎独占花魁》讲了油郎秦重寻父、花魁娘子寻夫从良过程中两人从相识到相爱的美好故事。

“三言”所收录的作品，无论是宋元旧篇，还是明代新作和冯梦龙拟作，都程度不同地经过冯梦龙增删和润饰。这些作品，题材广泛，内容复杂。有对封建官僚丑恶的谴责和对正直官吏德行的赞扬，有对友谊、爱情的歌颂和对背信弃义、负心行为的斥责。更值得注意的，有不少作品描写了市井百姓的生活。如《施润泽滩阙遇友》、《蒋兴哥重会珍珠衫》、《杜十娘怒沉百宝箱》、《卖油郎独占花魁》等。在这些作品里，强调人的感情和人的价值应该得到尊重，所宣扬的道德标准、婚姻原则，与封建礼教、传统观念是相违悖的。这是充满生命活力的市民思想意识的体现。“三言”中的优秀作品，既重视故事完整，情节曲折和细节丰富，又调动了多种表现手段，刻画人物性格。它的刊行，推动了短篇小说的发展和繁荣，标志着中国短篇白话小说的民族风格和特点已经形成。

在“三言”的影响下，凌蒙初编著了《初刻拍案惊奇》（刊于1628年）和《二刻拍案惊奇》（刊于1632年）各40卷，人称“二拍”。凌蒙初（1580—1644年），字玄房，号初成，别号即空观主人，乌程（今浙江吴兴）人。18岁补廪膳生，后科场一直不利。55岁时，以优贡授上海县丞，后擢徐州通判并分署房村。崇祯十七年（1644年），李自成部进逼徐州，忧愤而死。他一生著述甚多，而以“二拍”最有名。“二拍”与“三言”不同，基本上都是个人创作，“取古今来杂碎事可新听睹、佐谈谐者，演而畅之”（《二刻拍案惊奇小引》）。它已经是一部个人的白话小说创作专集。“卷帙浩繁，观览难周”（笑花主人《今古奇观序》），故从中选取40种成《今古奇观》。后三百年中，它就成为一部流传最广的白话短篇小说的选本。

“二拍”的有些作品反映了市民生活和他们的思想意识。《乌将军一饭必酬》、《叠居奇程客得助》等重视商业描写，在以往的短篇小说中非常罕见。有些作品提出在爱情婚姻生活中要求男女平等的观点。如《李将军错认舅》，描写了刘翠翠和金定忠贞不渝的爱情。值得一提的是，“奉劝世人行好事，到头原是自周全”的劝谕思想是贯穿“二拍”始终的精髓，这种行好就有好报的教谕“二拍”中描写的很到位。“二拍”善于组织情节，因此多数篇章有一定的吸引力，语言也较生动。但从总的艺术魅力来说，它比“三言”差得多。

《水浒传》

《水浒传》又名《忠义水浒传》，一般简称《水浒》，作于元末明初，作者施耐庵，是中国历史上第一部用白话文写成的章回小说，是中国四大名著之一。

《水浒传》的成书，取材于北宋末年宋江起义的故事。宋代说书伎艺兴盛，民间流传的宋江等36人故事，很快就被说书人采来作为创作话本的素材，南宋罗烨《醉翁谈录》记有小说篇目《青面兽》、《花和尚》和《武行者》，这当是说的杨志、鲁智深、武松的故事，此外，《石头孙立》一篇可能也是水浒故事。

施耐庵正是把这些在不同地区流传的故事，汇集起来，经过选择、加工、再创作，才写成这部优秀的古典名著《水浒传》。《水浒传》的故事最初起源于北宋宣和年间，从南宋开始就成为了民间口头文学的主要题材。目前流传下来的根据说书人编成的话本中就有“青面兽”，“花和尚”、“武行者”等。元朝初年，出现了话本《大宋宣和遗事》，描述了晁盖、吴加亮（吴用）等36人的故事，初步具有了《水浒传》的故事梗概。元朝，元杂剧中还出现了一些水浒故事剧本。

《水浒传》的艺术成就，最突出地表现在英雄人物的塑造上。全书巨大的历史主题，主要是通过对起义英雄的歌颂和对他们斗争的描绘中具体表现出来的。因而英雄形象塑造的成功，是作品具有光辉艺术生命的重要因素。在《水浒传》中，至少出现了一二十个个性鲜明的典型形象，这些形象有血有肉，栩栩如生，跃然纸上。

在人物塑造方面，最大特点是作者善于把人物置身于真实的历史环境中，扣紧人物的身份、经历和遭遇来刻画他们的性格。诚然，全书几乎没有什么具体的社会环境的介绍，但通过对各阶层人物及他们之间的关系的描绘，一幅北宋社会生活的图景便非常逼真、清晰地呈现在我们面前，统治阶级的骄奢淫逸以及受压迫人民“撞破天罗归水浒，掀开地网上梁山”的愿望，则是组成这幅历史图景的经纬。书中的人物性格，正是在这样的环境中产生和成长起来的。

在人物塑造上，《水浒传》总是把人物放在阶级斗争的激流中，甚至把人物置于生死存亡的关头，以自己的行动、语言来显示他们的性格特征。

《水浒传》在文学成就上受到后世不少文学评论家的赞许：金圣叹将《水浒传》与《离骚》、《庄子》、《史记》、《杜诗》、《西厢记》合称为“六才子书”。冯梦龙将《水浒传》与《三国演义》、《西游记》、《金瓶梅》定为“四大奇书”。与《三国演义》、《西游记》、《红楼梦》共列“中国古典四大名著”。

《西游记》

古典名著《西游记》是吴承恩所著，是中国古典四大名著之一，是一部优秀的神魔小说，也是一部规模宏伟、结构完整、用幻想形式来反映社会矛盾的巨著。南宋有《大唐三藏取经诗话》，金代院本有《唐三藏》、《蟠桃会》等，元杂剧有吴昌龄的《唐三藏西天取经》、无名氏的《二郎神锁齐大圣》等，这些都为《西游记》的创作奠定了基础。吴承恩也正是在民间传说和话本、戏曲的基础上，经过艰苦的再创造，完成了这部令中华民族为之骄傲的文学著作。

小说以整整七回的“大闹天宫”故事开始，把孙悟空的形象提到全书首要的地位。第八至十二回写如来说法，观音访僧，魏征斩龙，唐僧出世等故事，交待取经的缘起。从十三回到全书结束，讲述了五百年后，观音向孙悟空道出自救的方法：他须随唐三藏到西方取经，作其徒弟，修成正果之日便得救。孙悟空遂紧随唐三藏上路，途中屡遇妖魔鬼怪，二人与猪八戒、沙僧等合力对付，展开一段艰辛的取西经之旅。

作品写于明朝中期，当时社会经济虽繁荣，但政治日渐败坏，百姓生活困苦。作者对此不合理的现象，通过故事提出批评。此作品共一百回，六十万余字。分回标目，每一回目以整齐对偶展现。故事叙述唐三藏与徒弟孙悟空、猪八戒、沙僧、白龙马经过九九八十一次磨难，到西天取经的过程。

《西游记》不仅有较深刻的思想内容，艺术上也取得了很高的成就。它以丰富奇特的艺术想象、生动曲折的故事情节，栩栩如生的人物形象，幽默诙谐的语言，构筑了一座独具特色的《西游记》艺术宫殿。《西游记》在艺术上的最大成就，是成功地创造了孙悟空、猪八戒这两个不朽的艺术形象。孙悟空是《西游记》中第一主人公，是个非常了不起的英雄。他有无穷的本领，天不怕地不怕，具有不屈的反抗精神。他有着人性，神性和猴性三重特点。大英雄的不凡气度，对师父师弟有情有义，也有爱听恭维话的缺点，机智勇敢又诙谐好闹，是为人性，毛脸雷公嘴，山大王则是猴性，而七十二变，一个跟头十万八千里，则是神性。而他最大的特点就是敢斗。与至高至尊的玉皇大帝敢斗，楞是叫响了“齐天大圣”的美名；与妖魔鬼怪敢斗，火眼金睛决不放过一个妖魔，如意金箍棒下决不对妖魔留情；与一切困难敢斗，决不退却低头。这就是孙悟空，一个光彩夺目的神话英雄。大闹天宫的

桀骜不驯，与西天取经相比似乎改变许多，其实悟空的个性仍然没有变，比如在骗取妖怪的二件宝物，让玉帝派人装天，威胁道：“若不从，即上灵霄宝殿动起刀兵。”在得知妖怪是观世音菩萨所派，咒她“活该一世无夫”，对如来佛祖更是以“妖精的外甥”称呼，孙悟空，这么一个不“听话”，不为强势屈服的硬汉子，跃然纸上。

说到猪八戒，他的本事比孙悟空可差远了，更谈不上什么光辉高大，但这个形象同样刻画得非常好。猪八戒是一个喜剧形象，他憨厚老实，有力气，也敢与妖魔作斗争，是孙悟空第一得力助手。但他又满身毛病，如好吃，好占小便宜，好女色，怕困难，常常要打退堂鼓，心里老想着高老庄的媳妇；他有时爱撒个谎，可笨嘴拙腮的又说不圆；他还时不时地挑拨唐僧念紧箍咒，让孙悟空吃点苦头；他甚至还藏了点私房钱，塞在耳朵里。他的毛病实在多，这正是小私有者的恶习。作者对猪八戒缺点的批评是很严厉的，但又是善意的，毕竟

他在西天一路上披荆斩棘，当开路先锋，不辞辛苦污臭，所以他并不是一个被否定的人物，因此人们并不厌恶猪八戒，相反却感到十分真实可爱。特别是他的很多小聪明比孙行者强，这也是孙行者做梦也不想不到他认为的呆子居然是这么一个“阴险”“狡诈”的家伙，行者化缘的斋饭，八戒吃的最多，行者打败妖怪，八戒捡便宜，没事挑拨唐僧念紧箍咒“制裁”一下行者，可是在唐僧眼中，他还是一个老实人，是个好徒弟，这也是行者的聪明不如猪八戒的地方。但猪八戒还是一个好人，没有害人之心，并且终于坚持到最后的胜利。写一个弱点很多的人能讨人喜欢，让人记住，是很不容易的。沙僧的形象写得也不错，但比起孙悟空、猪八戒来，则要逊色得多。沙僧更是缺少鲜明的性格特点，这不能不说是《西游记》的缺憾。尽管如此，他仍是不可或缺的配角，当孙行者和猪八戒闹矛盾的时候，须由他出来劝说调解，两位师兄外出时，由他陪伴师傅。如果没有这一个徒弟，唐僧就危险了，经也取不成。

几百年以来，西游记被改编成了各种地方戏曲，及电影、电视剧、动画片、漫画，版本繁多。在日本等亚洲国家也出现了以孙悟空为主角的文艺作品。

《红楼梦》

《红楼梦》是我国古代四大名著之一，属章回体长篇小说，成书于1784年（清乾隆帝四十九年）。梦觉主人序本正式题为《红楼梦》，它的原名《石头记》、《情僧录》、《风月宝鉴》、《金陵十二钗》等。是我国古代最伟大的长篇小说，也是世界文学经典巨著之一。作者曹雪芹。现通行的续作是由高鹗续全的一百二十回《红楼梦》。书中以贾、史、王、薛四大家族为背景，以贾宝玉、林黛玉爱情悲剧为主线，着重描写荣、宁两府由盛到衰的过程。全面地描写封建社会末世的人性世态及种种无法调和的矛盾。

《红楼梦》并不只是一部言情小说，他更是一部对封建王朝四大家族的兴衰史的概述，这已经逾越了言情小说的范围。它之所以伟大，是因为它起于言情而终于言情，但不止于言情，这样才能衬出情的深度与厚度。《红楼梦》之所以伟大，首先是在结构的伟大上。在如此精妙的布局和秩序下，这等空间、这群人物中，看似庞杂的故事在作者的笔下事无巨细，分明清晰的娓娓道来。

谴责小说

中国旧小说的一种。清末社会黑暗，政治腐败，官吏贪污媚外，人民不觉悟，有些作家用小说口诛笔伐，进行揭发和指摘。鲁迅在《中国小说史略》里对这种小说曾加以评论，并称之为"谴责小说"。这种小说广泛揭露和批判·现实，大力宣传资产阶级改良主义，但批判不彻底，并寄幻想于封建最高统治者。艺术上多用讽刺手法，笔无藏锋，极度夸张，但概括和典型化不够。

《官场现形记》、《二十年目睹之怪现状》、《老残游记》、《孽海花》则代表了这类小说的最高成就，被后人誉为"清末四大谴责小说"。

《官场现形记》，作者李伯元（1867—1907 年），全书共 60 回，由许多独立成篇的短篇故事连缀而成。书中描写一群大大小小的封建官僚，他们贪污昏庸，媚外卖国，展开一幅清末官僚的百丑图，暴露和讽刺晚清官场的腐败，突出地反映了封建统治阶级与人民的矛盾、清王朝对帝国主义的屈辱投降。

《二十年目睹之怪现状》，作者吴趼人（1866—1910 年），全书 108 回。小说采用第一人称的形式，以主人公"九死一生"的遭遇和见闻为线索，记录了许多社会上的怪现状：官场到处是贪财受贿，营私舞弊；商场里官商勾结，尔虞我诈；洋场上嫖赌拐骗，醉生梦死等。在近二百多个小故事中形象地反映了中法战争后 20 年间中国社会的种种丑恶现象。

《老残游记》，作者刘鹗（1857—1909 年），全书 20 回。小说通过描写一个江湖医生老残四处行医途中的所见、所闻、所为，暴露当时某些官吏的残暴昏庸并着重抨击了那些名为"清官"、"能吏"，实为昏官酷吏的虐民行为，反映了晚清黑暗腐朽的社会现实。但作者对清政府仍寄予希望，所以对资产阶级革命和义和团运动抱敌对态度。小说在艺术上具有一定特色，语言精炼准确，形象鲜明生动，在同类小说中艺术成就最高。

《孽海花》，作者曾朴（1872—1935年），全书30回，附录5回。作品以状元金雯青和名妓傅彩云（赛金花）的故事为线索，穿插了大量官僚、文人的秽闻轶事，从一个侧面反映了同治初年到甲午战争失败近三十年间的社会政治、外交、文化、思想状况，对清末黑暗政治的揭露较为有力。同时，小说还以同情的态度赞扬了维新派和资产阶级革命党人的活动。作品结构严谨，语言华美，但对秘闻艳事描写过多，表现出低级庸俗的趣味。

谴责小说或多或少都有夸张失实的毛病，它所反映出的是一种变形的镜像，不可完全当作历史的真实面目来看待；谴责小说大体上是顺应时俗的作品，它和现实政治、大众需求关系较紧密，而缺乏作者独特的人生体验和深刻的思考，所达到的思想深度是有限的；谴责小说普遍注重故事性，而缺乏对人物命运的关怀，因而在塑造人物形象、反映人性的复杂内涵这一小说艺术的关键上，没有取得特出的成就，与明代小说及清中期小说相比，实际上是衰退的。

《荷马史诗》

《荷马史诗》是相传由古希腊盲诗人荷马创作的两部长篇史诗《伊利亚特》和《奥德赛》的统称。荷马，生于公元前8世纪后半期的爱奥尼亚，是古希腊最著名和最伟大的诗人。相传《荷马史诗》是在民间口头创作的基础上，经过不断的补充和修改，最后由盲人荷马加工整理而成。公元前6世纪中叶，第一次被写成文字。它是古希腊最伟大的作品，也是西方文学中最伟大的作品。

两部史诗都分成24卷，这两部史诗最初可能只是基于古代传说的口头文学，靠着乐师的背诵流传。它作为史料，不仅反映了公元前11世纪到公元前9世纪的社会情况，而且反映了迈锡尼文明。它再现了古代希腊社会的图景，是研究早期社会的重要史料。《荷马史诗》不仅具有文学艺术上的重要价值，它在历史、地理、考古学和民俗学方面也提供给后世很多值得研究的东西。

古希腊戏剧

古希腊戏剧是指大致繁荣于西元前 6 世纪末至西元前 4 世纪初之间的古希腊世界的戏剧。彼时古希腊的政治和军事中心雅典城同时也是古希腊戏剧的中心。雅典的悲剧和喜剧也包括在全世界范围内出现最早的戏剧形式之中。古希腊的剧场和剧作对西方戏剧和文化的发展产生了持续而深远的影响。

古希腊戏剧是世界上最古老的戏剧，产生于公元前 6 世纪，公元前 5 世纪达到鼎盛时期。雅典最早的戏剧传统起源于祭奠酒神狄奥尼索斯的宗教活动。这一起源经考证证实准确，因为雅典最早的戏剧表演便出现在一年一度的酒神节上。

亚里斯多德在他的《诗学》中说：希腊悲剧的诞生要早于羊人剧和喜剧，而悲剧起源于酒神祭典中的酒神颂歌，悲叹酒神的不幸（悲剧的原意是“山羊之歌”）。这些赞美诗都是人们在酣醉的时候即兴创作的。西元前 600 年，诗人阿利翁将酒神赞美诗发展成了一种由歌队吟唱、具有叙事性特征的新的艺术样式。

到西元前 5 世纪，戏剧已经正式成为雅典文化和市民生活中的重要组成部分。一年一度在酒神剧场的酒神节的重要内容便是盛大的戏剧比赛。每个参赛的剧作家都要提交一个悲剧三联剧和一个内容相关的羊人剧作为参赛作品，后者的风格往往要比前者轻松和愉悦。也正是在这个时期，戏剧的影响传至雅典以外的地方。

伯罗奔尼撒战争之后，雅典的势力大大削弱，其戏剧的发展似乎也逐渐失去了活力。然而，戏剧却在希腊化时代得到了持续发展，尤其是在西元前 4 世纪亚历山大大帝的一系列扩张战争之后。希腊化时代最主要的戏剧形式是“新喜剧”。这个时代唯一有影响力的剧作家是米南德。新喜剧对后世重要的贡献是它影响了其后的古罗马喜剧，尤其体现在对古罗马重要剧作家普劳图斯和泰伦斯的影响。

亚里斯多德将古希腊戏剧的特点归纳于三一律，即时间的一致，地点的一致和表演的一致。古希腊戏剧的情节通常只发生在一天之内，地点也不变换。在情节上也往往只有一条主线，不允许其他支线情节存在。

莎士比亚

莎士比亚，英国文艺复兴时期伟大的剧作家、诗人，欧洲文艺复兴时期人文主义文学的集大成者。

伟大的英国文艺复兴时期剧作家、诗人威廉·莎士比亚于1564年4月23日生于英国中部瓦维克郡埃文河畔斯特拉特福的一位富裕的市民家庭。

莎士比亚的代表作有四大悲剧：《哈姆雷特》、《奥赛罗》、《李尔王》、《麦克白》。四大喜剧：《仲夏夜之梦》、《威尼斯商人》、《第十二夜》、《皆大欢喜》。历史剧：《亨利四世》、《亨利五世》、《理查二世》等。还写过154首十四行诗，二首长诗。本·琼生称他为“时代的灵魂”，马克思称他和古希腊的埃斯库罗斯为“人类最伟大的戏剧天才”。虽然莎士比亚只用英文写作，但他却是世界著名作家。他的大部分作品都已被译成多种文字，其剧作也在许多国家上演。1616年4月23日病逝。

莎士比亚的戏剧大都取材于旧有剧本、小说、编年史或民间传说，但在改写中注入了自己的思想，给旧题材赋予新颖、丰富、深刻的内容。在艺术表现上，他继承古代希腊罗马、中世纪英国和文艺复兴时期欧洲戏剧的三大传统并加以发展，从内容到形式进行了创造性革新。他的戏剧不受三一律束缚，突破悲剧、喜剧界限，努力反映生活的本来面目，深入探索人物内心奥秘，从而能够塑造出众多性格复杂多样、形象真实生动的人物典型，描绘了广阔的、五光十色的社会生活图景，并以其博大、深刻、富于诗意和哲理著称。

莫里哀

莫里哀（1622—1673），法国喜剧作家、演员、戏剧活动家。法国芭蕾舞喜剧的创始人。本名为让—巴蒂斯特·波克兰，莫里哀是他的艺名。莫里哀是法国17世纪古典主义文学最重要的作家，古典主义喜剧的创建者，他在欧洲戏剧史上占有十分重要的地位。他曾享受贵族教育，但不久就宣布放弃世袭权力，从事戏剧事业。他创立“光耀剧团”，惨淡经营，曾因负债而被指控入狱。后来，他不顾当时蔑视演戏的社会风气和家庭的反对，毅然离家出走，在外飘流了十多年。由于他积累了丰富的生活素材，编写演出了一系列很有影响的喜剧。最后，莫里哀作为剧团的领导人重返巴黎，此后，他一直在巴黎进行创作演出。

莫里哀生活在资产阶级勃兴、封建统治日趋衰亡的文艺复兴时期。他同情劳动人民，笔锋所向，揭露的是昏庸腐朽的贵族，坑蒙拐骗的僧侣，无病呻吟的地主，冒充博学的“才子”，还有靠剥削起家而力图“风雅”的资产者，利欲熏心、一毛不拔的高利贷者……他从各个侧面勾画出了剥削阶级的丑恶形象。

1659年，莫里哀创作《可哭的女才子》，辛辣地讽刺了资产者的附庸风雅，抨击了贵族社会所谓“典雅”生活的腐朽无聊，因而触怒了贵族势力，遭到禁演。但莫里哀并未被吓倒，连续编演了《丈夫学堂》和《太太学堂》。《太太学堂》因宣扬新思想，要求冲破封建思想牢笼而被指责为“淫秽”、“诋毁宗教”，又遭到禁演。莫里哀奋起还击，写了《〈太太学堂〉的批评》和《凡尔赛宫即兴》两出论战性短剧。1664年，莫里哀写成杰作《伪君子》，1668年，他又创作了另一部力作《吝啬鬼》。

莫里哀不仅是位杰出的剧作家、出色的导演，还是一位造诣极高的演员，他以整个生命推动了戏剧的前进，以滑稽的形式揭露了社会的黑暗，是法国古典主义文学，以及欧洲文艺复兴运动的杰出代表。

歌德

约翰·沃尔夫冈·冯·歌德是18世纪中叶到19世纪初德国和欧洲最重要的剧作家、诗人、思想家。歌德除了诗歌、戏剧、小说之外，在文艺理论、哲学、历史学、造型设计等方面，都取得了卓越的成就。

他一生跨两个世纪，正当欧洲社会大动荡、大变革的年代。封建制度的日趋崩溃，革命力量的不断高涨，促使歌德不断接受先进思潮的影响，从而加深自己对于社会的认识，创作出当代最优秀的文艺作品。

歌德1749年8月28日出生于法兰克福镇（位于现在的黑森州）的一个富裕的市民家庭，曾先后在莱比锡大学和斯特拉斯堡大学学习法律，也曾短时期当过律师。他年轻时曾经梦想成为画家，在绘画的同时他也开始了文学创作。

歌德是德国狂飙运动的主将。他的作品充满了狂飙突进运动的反叛精神，在诗歌、戏剧、散文等方面都有较高的成就，主要作品有剧本《葛兹·冯·伯里欣根》、中篇小说《少年维特之烦恼》、未完成的诗剧《普罗米修斯》和诗剧《浮士德》的雏形《原<浮士德>》，此外还写了许多抒情诗和评论文章。

歌德在魏玛市的最初十年，埋头事务，很少创作。到意大利后，他陆续完成了早已开始的一些作品，写出了《在陶里斯的伊菲格尼亚》和《哀格蒙特》等作品，也写了《塔索》和《浮士德》部分章节。

歌德晚年的创作极其丰富，重要的如自传性作品《诗与真》、《意大利游记》、长篇小说《亲和力》和《威廉·麦斯特的漫游时代》，抒情诗集《西方和东方的合集》，逝世前不久，又完成了《浮士德》第二部。这些作品表现了歌德重视实践、肯定为人类幸福而劳动的思想，说明他思想中的积极因素比前一时期有所增长。《浮士德》第二部的完成尤其突出的表现了歌德晚年思想上和艺术上的新发展。

1832 年 3 月 22 日，歌德病逝。歌德是德国民族文学的最杰出的代表，他的创作把德国文学提高到全欧的先进水平，并对欧洲文学的发展作出了巨大的贡献。

雨果

维克多·雨果，法国浪漫主义作家，人道主义的代表人物，19 世纪前期积极浪漫主义文学运动的代表作家，法国文学史上卓越的资产阶级民主作家，被人们称为“法兰西的莎士比亚”。

雨果 1802 年生于法国东部的贝尚松城。祖父是木匠，父亲是共和国军队的军官，曾被拿破仑的哥哥西班牙王约瑟夫·波拿巴授予将军衔，是这位国王的亲信重臣。雨果天资聪慧，9 岁就开始写诗 10 岁回巴黎上学，中学毕业入法学院学习，但他的兴趣在于写作，15 岁时在法兰西学院写的《读书乐》受到法兰西学士院的奖励，17 岁在“百花诗赛”得第一名，20 岁出版诗集《颂诗集》，因歌颂波旁王朝复辟，获路易十八赏赐，以后写了大量异国情调的诗歌。以后他对波旁王朝和七月王朝都感到失望，成为共和主义者，他还写过许多诗剧和剧本。写有大量具有鲜明特色并贯彻其主张出小说。

1827 年，雨果发表剧本《克伦威尔》及其序言。剧本虽未能演出，但那篇序言却被认为是法国浪漫主义的宣言，成为文学史上划时代的文献。它对法国浪漫主义文学的发展起了很大的推动作用。

1830 年，雨果的剧本《欧那尼》在法兰西院大剧院上演，产生了巨大的影响，确立了浪漫主义在法国文坛上的主导地位。

《欧那尼》写的是16世纪西班牙一个贵族出身的强盗欧那尼反抗国王的故事，雨果赞美了强盗的侠义和高尚，表现了强烈的反封建倾向。

1830年7月，法国发生了“七月革命”，封建复辟王朝被翻了。雨果热情赞扬革命，歌颂那些革命者，写诗哀悼那些在巷战中牺牲的英雄。

1831年发表的《巴黎圣母院》是雨果最富浪漫主义的小说。小说的情节曲折离奇，紧张生动，变幻莫测，富有戏剧性和传奇色彩。

1870年普法战争爆发，法国在色当兵败之后，普鲁士军队直逼巴黎。在这国家危亡的紧要关头，雨果在流亡了19年之后回到了祖国。他到处发表演讲，号召法国人民起来抗击德国侵略者，保卫祖国。他还用他的著作和朗诵诗歌得来的报酬买了2门大炮，表现了崇高的爱国精神。1885年，雨果逝世。法国人民为这位伟大的诗人举行了国葬。他的遗体被安葬在专门安葬伟人的先贤祠。

普希金

亚历山大·谢尔盖耶维奇·普希金，1799年6月6日（俄历5月26日）出生于沙俄莫斯科，1837年1月29日逝世于圣彼得堡，是俄国著名的文学家、伟大的诗人、小说家及现代俄国文学的创始人。19世纪俄国浪漫主义文学主要代表，同时也是现实主义文学的奠基人，现代标准俄语的创始人，被誉为“俄国文学之父”、“俄国诗歌的太阳”。

他诸体皆擅，创立了俄国民族文学和文学语言，在诗歌、小说、戏剧乃至童话等文学各个领域都给俄罗斯文学提供了典范。普希金还被高尔基誉为“一切开端的开端”。

他出生于贵族家庭。童年开始写诗，在沙皇政府专为培养贵族子弟而设立的皇村高等学校学习。学习期间受到当时进步的十二月党人及一些进步思想家的影响。后来发表的不少诗作抨击农奴制度，歌颂自由与进步。普希金的作品除了诗歌以外，主要还有长篇小说《上尉的女儿》，历史纪实语的创始人。《普加乔夫史》诗体小说《叶甫盖尼·奥涅金》，中篇小说《杜布罗夫斯基》，《别尔金小说集》等。普希金在创作活动上备受沙皇政府迫害。1837 年在一次阴谋布置的决斗中遇害。他的创作对俄国文学和语言的发展和影响很大。

普希金作品崇高的思想性和完美的艺术性使他具有世界性的重大影响。他的作品被译成全世界所有的主要文字。普希金在他的作品中所表现的对自由、对生活的热爱，对光明必能战胜黑暗、理智必能战胜偏见的坚定信仰，他的“用语言把人们的心灵燃亮”的崇高使命感和伟大抱负深深感动着一代又一代的人。天才的杰作，激发了多少俄罗斯音乐家的创作激情和灵感。以普希金诗篇作脚本的歌剧《叶甫根尼？奥涅金》、《鲍里斯？戈都诺夫》、《黑桃皇后》、《鲁斯兰与柳德米拉》、《茨冈》等等，无一不是伟大的音乐作品；普希金的抒情诗被谱上曲，成了脍炙人口的艺术歌曲；还有的作品还被改编成芭蕾舞，成为舞台上不朽的经典。

巴尔扎克

奥诺雷·德·巴尔扎克（1799 年—1850 年），法国 19 世纪伟大的批判现实主义作家，欧洲批判现实主义文学的奠基人和杰出代表，法国现实主义文学成就最高者之一。他创作的《人间喜剧》共 91 部小说，写了 2400 多个人物，”，充分展示了 19 世纪上半叶法国社会生活，是人类文学史上罕见的文学丰碑，被称为法国社会的“百科全书。

巴尔扎克 1799 年 5 月 20 日生于法国中部的图尔城。15 岁随父母迁居巴黎。17 岁入法科学校就读，课余曾先后在律师事务所和公证人事务所当差，同时旁听巴黎大学的文学讲座，获文学学士衔。20 岁开始从事文学创作，以笔名发表过许多不成功的剧本和小说。为维持生计，1825—1828 年期间先后从事出版业和印刷业，皆告失败，负债累累。经过探索和磨炼，巴尔扎克走上现实主义文学创作道路。1829 年出版的长篇小说《最后一个舒昂党人》，初步奠定了在文学界的地位。1831 年发表的长篇小说《驴皮记》为他赢得声誉，成为法国最负盛名的作家之一。他早有把自己的作品联系成一个有机整体的设想。1841 年他在但丁《神曲》的启示下，正式把自己作品的总名定为《人间喜剧》并在《“人间喜剧”前言》中宣称要做社会历史的“书记”；认为社会环境陶冶人，因此应着力于“人物和他们的思想的物质表现”；要求作家具有“透视力”和“想象力”；注重对地理环境和人物形体的确切描写。从 1829—1849 年，巴尔扎克为《人间喜剧》写出了 91 部作品，包括长篇、中篇、短篇小说和随笔等，分为《风俗研究》、《哲学研究》和《分析研究》三个部分。长篇小说《欧也妮·葛朗台》、《高老头》、《幻灭》、《农民》、《贝姨》等。巴尔扎克以其对现实观察之仔细，对社会本质揭露之深刻，塑造人物形象之生动，艺术手法之高超，使他无可争议地列入世界文学史一流作家之林。

马克·吐温

马克·吐温（1835 年—1910 年），原名萨缪尔·兰亨·克莱门，是美国的幽默大师、小说家、作家，也是著名演说家，19 世纪后期美国现实主义文学的杰出代表。

虽然他的财富不多，却无损他的高超幽默、机智与名气，堪称美国马克·吐温最知名人士之一。其交友广阔，威廉·迪安·豪威尔士、布克·华盛顿、尼古拉·特斯拉、海伦·凯勒、亨利·罗杰诸君，皆为其友。他曾被誉为：文学史上的林肯。海伦·凯勒曾言：“我喜欢马克吐温——谁会不喜欢他呢？即使是上帝，亦会钟爱他，赋予其智慧，并于其心灵里绘画出一道爱与信仰的彩虹。”威廉·福克纳称马克·吐温为“第一位真正的美国作家，我们都是继承他而来”。其于1910年4月21日去世，享年75，安葬于纽约州艾玛拉。

马克·吐温的写作风格融幽默与讽刺一体，既富于独特的个人机智与妙语，又不乏深刻的社会洞察与剖析，既是幽默辛辣的小的杰作，又是悲天悯人的严肃！马克·吐温有一次因为看不惯国会议员在国会通过某个法案，因此在报纸上刊登了一个广告，上面写着：“国会议员有一半是混蛋。”报纸一卖出，许多抗议电话随之而来，这些国会议员可不认为自己是混蛋，纷纷要求马克吐温更正。马克吐温于是又刊登了一个更正：“我错了，国会议员，有一半不是混蛋。”他的代表作是《百万英镑》。

海明威

欧内斯特·海明威（l899年—1961年）美国小说家。海明威一向以文坛硬汉著称，是美利坚民族的精神丰碑。

1954年度的诺贝尔文学奖获得者。生于乡村医生家庭，从小喜欢钓鱼、打猎、音乐和绘画，曾作为红十字会车队司机参加第一次世界大战，以后长期担任驻欧记者，并曾以记者身份参加第二次世界大战和西班牙内战。晚年患多种疾病，精神十分抑郁，经多次医疗无效，终用猎枪自杀。他的早期长篇小说《太阳照样升起》、《永别了，武器》成为表现美国“迷惘的一代”的主要代表作。20世纪三四十年代他转而塑造摆脱迷惘、悲观，为人民利益而英勇战斗和无畏牺牲的反法西斯战士形象（剧本《第五纵队》），长篇小说《丧钟为谁而鸣》。50年代后，他继续发展20年代短篇小说《打不败的人》和《五万大洋》的宁折不弯主题，塑造了以桑提亚哥为代表的“可以把他消灭，但就是打不败他”的“硬汉性格”（代表作中篇小说《老人与海》）。在艺术上，他那简约有力的文体和多种现代派手法的出色运用，在美国文学中曾引起过一场“文学革命”，许多欧美作家都明显受到了他的影响。

科学教育篇

KE XUE JIAO YU PIAN

指南针的发明

指南针是我国古代的四大发明之一。我国古代劳动人民在寻找铁矿的实践中，发现了磁石的指极性，最初的指南针就是用天然磁石制成的，古人把它称之为“司南”。

东汉王充《论衡》中描述了司南的形体及其机制：“司南之杓，投之于地，其柢指南。”意思是说，司南勺在地盘上自由旋转，当它静止时，勺柄就会指向南方。那时，人们已经掌握了人工磁化技术，使司南得到了很大发展。指南针就是在这个时期发明出来的。

北宋时期的军事著作《武经总要》中记载了指南针的制作方法，并详细介绍了磁化过程。随后，人们又掌握了另一种更好的简便有效的人工磁化方法，即用天然磁石磨擦钢针使之磁化，在北宋科学家沈括的《梦溪笔谈》中就有这样的记载。这种磁化法是磁性指向仪器发展史上的一项重要发明，一直为后世所沿用。

指南针在用于航海中才真正发挥出了它的巨大威力，同时，也正是伟大的航海事业推动了指南针的发展。

北宋《萍洲可谈》是最早记载航海中使用指南针的文献，书中说：“舟师识地理，夜则观星，昼则观日，阴晦观指南针。”南宋《诸蕃志》里写道：“舟舶来往，唯以指南针为则，昼夜守视唯谨，毫厘之差，生死系焉。”可见当时指南针在航海中的重要地位。

南宋时期，人们根据指南针的原理又研制出了罗盘，使罗盘上的指针永远指向某一特定的方向，后来广泛用于航海中。吴自牧《梦粱录》里这样记录："风雨冥晦时，唯凭针盘而行，及火长掌之，毫厘不敢差误，盖一舟人命所系也。"这是中国航海中使用罗盘的最早的记载。

南宋以后，中国航海中运用一种磁针浮于水面的水罗盘。明朝初年，郑和下西洋的时候就运用了水罗盘。

指南针在后来的航海事业中建立了伟大功勋，开辟了人类交往以及征服自然的新境界。在人类社会文明史上占有着重要的地位。它的发明和运用，大大推动了航海业的发展，促成新大陆的发现，促进了商业贸易的扩大和人类文化的交流，对世界经济文化的发展带来了重大的影响。

候风地动仪

候风地动仪是汉代科学家张衡的传世杰作。在张衡所处的东汉时代，地震比较频繁。据《后汉书·五行志》记载，自和帝永元四年（公元 92 年）到安帝延光四年（公元 125 年）的 30 多年间，共发生了 26 次大的地震。地震区有时大到几十个郡，引起地裂山崩、江河泛滥、房屋倒塌，造成了巨大的损失。张衡对地震有不少亲身体验。为了掌握全国地震动态，他经过长年研究，终于在阳嘉元年（公元 132 年）发明了候风地动仪——世界上第一架地震仪。在通信不发达的古代，地震后，为人们及时知道发生地震和确定地震大体位置有一定的作用。

据《后汉书·张衡传》记载，候风地动仪"以精铜铸成，圆径八尺"，"形似酒樽”，上有隆起的圆盖，仪器的外表刻有篆文以及山、龟、鸟、兽等图形。仪器的内部中央有一根铜质“都柱”，柱旁有八条通道，称为“八道，还有巧妙的机、关。樽体外部周围有八个龙头，按东、南、西、北、东南、东北、西南、西北八个方向布列。龙头和内部通道中的发动机关相连，每个龙头嘴里都衔有一个铜球。对着龙头，八个蟾蜍蹲在地上，个个昂头张嘴，准备承接铜球。当某个地方发生地震时，樽体随之运动，触动机关，使发生地震方向的龙头张开嘴，吐出铜球，落到铜蟾蜍的嘴里，发生很大的声响。所以人们就可以知道地震发生的方向。

汉顺帝阳嘉三年十一月壬寅（公元 134 年 12 月 13 日），地动仪的一个龙机突然发动，吐出了铜球，掉进了那个蟾蜍的嘴里。当时在京师（洛阳）的人们却丝毫没有感觉到地震的迹象，于是有人开始议论纷纷，责怪地动仪不灵验。没过几天，陇西（今甘肃省天水地区）有人飞马来报，证实那里前几天确实发生了地震，于是人们开始对张衡的高超技术极为信服。陇西距洛阳有一千多里，地动仪标示无误，说明它的测震灵敏度是比较高的。

造纸术

造纸术是中国四大发明之一，人类文明史上的一项杰出的发明创造。中国是世界上最早养蚕织丝的国家。古人以上等蚕茧抽丝织绸，剩下的恶茧、病茧等则用漂絮法制取丝绵。漂絮完毕，篾席上会遗留一些残絮。当漂絮的次数多了，篾席上的残絮便积成一层纤维薄片，经晾干之后剥离下来，可用于书写。这种漂絮的副产物数量不多，在古书上称它为赫蹏或方絮。这表明了中国造纸术的起源同丝絮有着渊源关系。

东汉元兴元年（105 年）蔡伦改进了造纸术。他用树皮、麻头及敝布、鱼网等植物原料，经过挫、捣、抄、烘等工艺制造的纸，是现代纸的渊源。自从造纸术发明之后，纸张便以新的姿态进入社会文化生活之中，并逐步在中国大地传播开来，以后又传布到世界各地。

公元3～4世纪，纸已经基本取代了帛、简而成为我国唯一的书写材料，有力地促进了我国科学文化的传播和发展。公元3～6世纪的魏晋南北朝时期，我国造纸术不断革新。在原料方面，除原有的麻、楮外，又扩展到用桑皮、藤皮造纸。在设备方面，继承了西汉的抄纸技术，出现了更多的活动帘床纸模，用一个活动的竹帘放在框架上，可以反覆捞出成千上万张湿纸，提高了工效。在加工制造技术上，加强了碱液蒸煮和舂捣，改进了纸的质量，出现了色纸、涂布纸、填料纸等加工纸。

公元6～10世纪的隋唐五代时期，我国除麻纸、楮皮纸、桑皮纸、藤纸外，还出现了檀皮纸、瑞香皮纸、稻麦秆纸和新式的竹纸。在南方产竹地区，竹材资源丰富，因此竹纸得到迅速发展。

在公元10～18世纪的宋元和明清时期，楮纸、桑皮纸等皮纸和竹纸特别盛行，消耗量也特别大。造纸用的竹帘多用细密竹条，这就要求纸的打浆度必须相当高，而造出的纸也必然很细密匀称。先前唐代用淀粉糊剂做施胶剂，兼有填料和降低纤维下沉槽底的作用。到宋代以后多用植物粘液做“纸药”，使纸浆均匀，常用的“纸药”是杨桃藤、黄蜀葵等浸出液。这种技术早在唐代已经采用，但是宋代以后就盛行起来，以致不再采用淀粉糊剂了。

这时候的各种加工纸品种繁多，纸的用途日广，除书画、印刷和日用外，我国还最先在世界上发行纸币。这种纸币在宋代称作“交子”，元明后继续发行，后来世界各国也相继跟着发行了纸币。明清时期用于室内装饰用的壁纸、纸花、剪纸等，也很美观，并且行销于国内外。各种彩色的蜡笺、冷金、泥金、罗纹、泥金银加绘、砑花纸等，多为封建统治阶级所享用，造价很高，质量也在一般用纸之上。

造纸是一项重要的化学工艺，纸的发明是中国在人类文化的传播和发展上，所做出的一项十分宝贵的贡献，是中国史上的一项重大的成就，对中国历史也产生了重要的影响。

《黄帝内经》

《黄帝内经》是中国传统医学四大经典著作之一（《黄帝内经》、《难经》、《伤寒杂病论》、《神农本草经》），是我国医学宝库中现存成书最早的一部医学典籍。它是研究人的生理学、病理学、诊断学、治疗原则和药物学的医学巨著。在理论上建立了中医学上的“阴阳五行学说”、“脉象学说”“藏象学说”、“经络学说”、“病因学说”“病机学说”、“病症”、“诊法”、论治及“养生学”、“运气学”等学说。其医学理论是建立在我国古代道家理论的基础之上的，反映了我国古代天人合一思想。

黄帝内经成编于战国时期，是中国现存最早的中医理论专著。总结了春秋至战国时期的医疗经验和学术理论，并吸收了秦汉以前有关天文学、历算学、生物学、地理学、人类学、心理学，运用阴阳、五行、天人合一的理论，对人体的解剖、生理、病理以及疾病的诊断、治疗与预防，做了比较全面的阐述，确立了中医学独特的理论体系，成为中国医药学发展的理论基础和源泉。

《黄帝内经》作为祖国传统医学的理论思想基础及精髓，在中华民族近两千年繁衍生息的漫漫历史长河中，它的医学主导作用及贡献功不可没。《黄帝内经》的著成，标志着中国医学由经验医学上升为理论医学的新阶段。《黄帝内经》总结了战国以前的医学成就，并为战国以后的中国医学发展提供了理论指导。在整体观、矛盾观、经络学、脏象学、病因病机学、养生和预防医学以及诊断治疗原则等各方面，都为中医学奠定了理论基础，具有深远影响。历代著名医家在理论和实践方面的创新和建树，大多与《黄帝内经》有着密切的渊源关系。

《九章算术》

《九章算术》是中国古代第一部数学专著，是算经十书中最重要的一种。

该书内容十分丰富，系统总结了战国、秦、汉时期的数学成就。全书采用问题集的形式，收有246个与生产、生活实践有联系的应用问题，其中每道题有问（题目）、答（答案）、术（解题的步骤，但没有证明），有的是一题一术，有的是多题一术或一题多术。这些问题依照性质和解法分别隶属于方田、粟米、衰（音cui）分、少广、商功、均输、盈不足、方程及勾股九章。

同时，《九章算术》在数学上还有其独到的成就，不仅最早提到分数问题，也首先记录了盈不足等问题，“方程”章还在世界数学史上首次阐述了负数及其加减运算法则。该书经多次增补，成书时间已不可考，但据估算最迟在公元1世纪已有了现传本。西汉张苍曾经对之校正补充。许多人曾为它作过注释，其中不乏历史上的数学名人，最著名的有刘徽（公元263年）、李淳风（公元656年）……要注意的是《九章算术》没有作者，它是一本综合性的历史著作，是当时世界上最先进的应用数学，它的出现标志中国古代数学形成了完整的体系。

医圣张仲景

张仲景，东汉末年著名医学家，被称为医圣。相传曾举孝廉，做过长沙太守，所以有张长沙之称。张仲景广泛收集医方，写出了传世巨著《伤寒杂病论》。它确立的辨证论治原则，是中医临床的基本原则，是中医的灵魂所在。在方剂学方面，《伤寒杂病论》也做出了巨大贡献，创造了很多剂型，记载了大量有效的方剂。其所确立的六经辨证的治疗原则，受到历代医学家的推崇。这是中国第一部从理论到实践、确立辨证论治法则的医学专著，是中国医学史上影响最大的著作之一，是后学者研习中医必备的经典著作，广泛受到医学生和临床大夫的重视。

贾思勰与《齐民要术》

贾思勰，北魏时期的青州益都人，当时的益都县，县治在今寿光市境内，辖区包括今青州市的东北部。史书中并无贾思勰的传记，使他垂名千古的是科学巨著《齐民要术》。

从《齐民要术》中我们得知，贾思勰是出身于士族家庭的知识分子，也做过官，曾任北魏的青州高阳郡（今临淄北）太守，还去过河北、河南、山西等地，后来回乡亲自经营农牧业生产，并潜心撰写《齐民要术》一书。

《齐民要术》的内容极其丰富，共10卷，92篇，11万余字，它集西周至北魏农业、畜牧业和手工业的知识、技术和经验之大成，分别记载谷物、蔬菜、果树、林木、特种植物的栽培方法，介绍了浸种、育种、施肥、浇灌、防病防虫等方面的全套技术，传播了家禽、家畜、养鱼、养蚕等的饲养经验，从农副产品的加工到油盐酱醋的酿造，到生活日用品的生产，凡与人民日常生活有关的事情，都作以详备的记述。可以毫不夸张地说，这是一部中国古代农林牧副渔各方面知识的百科全书。

火药

火药是中国人发明的，距今已有1000多年了。火药的研究始于古代炼丹术。

中国是最早发明火药的国家，黑色火药在唐代（9世纪末）时候正式出现。火药是由古代炼丹家发明的，从战国至汉初，帝王贵族们沉醉做神仙并长生不老的幻想，驱使一些方士与道士炼“仙丹”，在炼制过程中逐渐发明了火药的配方。

唐代炼丹家于唐高宗永淳元年（682年）首创了硫磺伏火法，用硫磺、硝石，研成粉末，再加皂角子（含炭素）。唐宪宗元和三年（808 年）又创状火矾法，用硝石、硫磺及马兜铃（含炭素）一起烧炼。这两种配方，都是把三种药料混合起来，已经初步具备火药所含的成分。

我国现在看到的第一部记载火药配方的书，约成书于八九世纪。书中说“以硫磺、雄黄合硝石，并密烧之”，会发生“焰起，烧手面及火尽屋舍”的现象。这里的“密”应该是蜂蜜的“蜜”。蜜加热能变成炭。硫磺、硝石与炭混合，这就是火药的配方。

唐朝末年，火药已被用于军事。唐昭宗天佑元年（904 年）杨行密的军队围攻豫章，部将郑以所部发机飞火，烧龙沙门，带领壮士突火先登入城，焦灼被体（《九国志. 郑传》）。这里所说的“飞火”，就是火炮，火箭之类。火炮是把火药制成环状，把吊线点燃后用抛石机抛掷出去；火箭则是把火药球缚于箭镞之下，将引线点燃后用弓射出。到了宋代，战争接连不断，促进火药武器的加速发展。北宋政府建立了火药作坊，先后制造了火药箭，火炮等以燃烧性能为主的武器，如霹雳炮和震天雷等爆炸性较强的武器。南宋在 1259 年造出了以巨竹为筒，内装火药的“突火枪”。到了元代又出现铜铸火统，称为“铜将军”。这些都是以火药的爆炸为推动力的武器，在战争中显示了前所未有的威力。

在 12、13 世纪，火药首先传入阿拉伯国家，然后传到希腊和欧洲乃至世界各地。对人类社会的文明进步，对经济和科学文化的发展，起了推动作用。美法各国直到 14 世纪中叶，才有应用火药和火器的记载。

毕昇发明活字印刷术

印刷术是中国古代的四大发明之一。我国古代劳动人民经过长期实践和研究才发明的。自从汉朝发明纸以后，书写材料比起过去用的甲骨、简牍、金石和缣帛要轻便、经济多了，但是抄写书籍还是非常费工的，远远不能适应社会的需要。至迟到东汉末年的熹平年间（公元 172—178 年），出现了摹印和拓印石碑的方法。大约在公元600年前后的隋朝，人们从刻印章中得到启发，在人类历史上最早发明了雕版印刷术。

雕版印刷是在一定厚度的平滑的木板上，粘贴上抄写工整的书稿，薄而近乎透明的稿纸正面和木板相贴，字就成了反体，笔划清晰可辨。雕刻工人用刻刀把版面没有字迹的部分削去，就成了字体凸出的阳文，和字体凹入的碑石阴文截然不同。印刷的时候，在凸起的字体上涂上墨汁，然后把纸覆在它的上面，轻轻拂拭纸背，字迹就留在纸上了。到了宋朝，雕版印刷事业发展到全盛时期。雕版印刷对文化的传播起了重大作用，但是也存在明显缺点：第一，刻版费时费工费料，第二，大批书版存放不便，第三，有错字不容易更正。

北宋平民发明家毕昇发明了活字印刷术，改进雕版印刷这些缺点。毕昇是北宋中期的一个普通平民知识分子，当时人称布衣。他总结了历代雕版印刷的丰富的实践经验，经过反复试验，在宋仁宗庆历年间（公元1041—1048）制成了胶泥活字，实行排版印刷，完成了印刷史上一项重大的革命。

毕昇的方法是这样的：用胶泥做成一个个规格一致的毛坯，在一端刻上反体单字，字划突起的高度象铜钱边缘的厚度一样，用火烧硬，成为单个的胶泥活字。为了适应排版的需要，一般常用字都备有几个甚至几十个，以备同一版内重复的时候使用。遇到不常用的冷僻字，如果事前没有准备，可以随制随用。为便于拣字，把胶泥活字按韵分类放在木格子里，贴上纸条标明。排字的时候，用一块带框的铁板作底托，上面敷一层用松脂、蜡和纸灰混合制成的药剂，然后把需要的胶泥活字拣出来一个个排进框内。排满一框就成为一版，再用火烘烤，等药剂稍微熔化，用一块平板把字面压平，药剂冷却凝固后，就成为版型。

印刷的时候，只要在版型上刷上墨，覆上纸，加一定的压力就行了。为了可以连续印刷，就用两块铁板，一版加刷，另一版排字，两版交替使用。印完以后，用火把药剂烤化，用手轻轻一抖，活字就可以从铁板上脱落下来，再按韵放回原来木格里，以备下次再用。毕昇还试验过木活字印刷，由于木料纹理疏密不匀，刻制困难，木活字沾水后变形，以及和药剂粘在一起不容易分开等原因，所以毕昇没有采用。毕昇的胶泥活字版印书方法，如果只印二三本，不算省事，如果印成百上千份，工作效率就极其可观了，不仅能够节约大量的人力物力，而且可以大大提高印刷的速度和质量，比雕版印刷要优越得多。

沈括与《梦溪笔谈》

沈括（1031 年—1095 年），字存中，杭州钱塘（今浙江杭州）人，北宋科学家、政治家。1 岁时南迁至福建的武夷山、建阳一代，后隐居于福建的尤溪一代。仁宗嘉佑八年（公元 1063 年）进士。神宗时参与王安石变法运动。熙宁五年（公元 1072 年）提举司天监，次年赴两浙考察水利、差役。熙宁八年（公元 1075 年）出使辽国，驳斥辽的争地要求。次年任翰林学士，权三司使，整顿陕西盐政。后知延州（今陕西延安），加强对西夏的防御。元丰五年（1082 年）以宋军于永乐城之战中为西夏所败，连累被贬。晚年以平生见闻，在镇江梦溪园撰写了《梦溪笔谈》。沈括的科学成就是多方面的。他精研天文，所提倡的新历法，与今天的阳历相似。在物理学方面，他记录了指南针原理及多种制作法；发现地磁偏角的存在，比欧洲早了四百多年；又曾阐述凹面镜成像的原理；还对共振等规律加以研究。在数学方面，他创立“隙积术”（二阶等差级数的求和法）、“会圆术”（已知圆的直径和弓形的高，求弓形的弦和弧长的方法）。在地质学方面，他对冲积平原形成、水的侵蚀作用等，都有研究，并首先提出石油的命名。医学方面，对于有效的方药，多有记录，并有多部医学著作。此外，他对当时科学发展和生产技术的情况，如毕升发明活字印刷术、金属冶炼的方法等，皆详为记录。

沈括还是一个杰出的天文学家。熙宁五年（公元 1072 年），也就在沈括负责汴河水建设时，沈括还负责领导司天监，在任职期间，他先后罢免了六名不学无术的旧历官，不计出身，破格推荐精通天文历算、出身平民的淮南人卫朴进入司天监，主持修订新历的重要工作。沈括和卫朴治学态度认真，对旧历官凭借演算凑数的修历方法非常不满，主张从观测天象入手，以实测结果作为修订历法的根据。为此，沈括首先研究并改革了浑仪、浮漏和影表等旧式的天文观测仪器。

沈括文武双全，不仅在科学上取得了辉煌的成绩，而且为保卫北宋的疆土也做出过重要贡献。北宋时期，阶级矛盾和民族矛盾都十分尖锐。辽和西夏贵族统治者经常侵扰中原地区，掳掠人口牲畜，给社会经济带来很大破坏。沈括坚定地站在主战派一边，在熙宁七年（公元 1074 年）担任河北西路察访使和军器监长官期间，他攻读兵书，精心研究城防、阵法、兵车、兵器、战略战术等军事问题，编成《修城法式条约》和《边州阵法》等军事著作，把一些先进的科学技术成功地应用在军事科学上。同时，沈括对弓弩甲胄和刀枪等武器的制造也都作过深入研究，为提高兵器和装备的质量做出了一定贡献。

于医学方面，尝著有《沈存中良方》（得称《良方》），以及《梦溪笔谈》及《补笔谈》中，都有涉猎，如提及秋石之制备，论及 44 种药物之形态、配伍、药理、制剂、采集、生长环境等。其《良方》由后人与苏轼之《医药杂说》合并，成《苏沈良方》，现有多种版本行世。

《梦溪笔谈》详细记载了劳动人民在科学技术方面的卓越贡献和他自己的研究成果，反映了我国古代特别是北宋时期自然科学达到的辉煌成就，《宋史·沈括传》称作者沈括“博学善文，于天文、方志、律历、音乐、医药、卜算无所不通，皆有所论著”。简而言之，沈括的《梦溪笔谈》是中国科学技术史上的重要文献，百科全书式的著作。英国科学史家李约瑟评价沈括“中国科学史上的座标”。

1979 年 7 月 1 日为了纪念他，中国科学院紫金山天文台将该台在 1964 年发现的一颗小行星 2027 命名为沈括。

《本草纲目》

《本草纲目》是明朝伟大的医药学家李时珍为修改古代医书的错误而编。李时珍（1518 年—1593 年）以毕生精力，亲历实践，广收博采，实地考察，对本草学进行了全面的整理总结，历时 29 年编成，30 余年心血的结晶。共有 52 卷，载有药物 1892 种，其中载有新药 374 种，收集医方 11096 个，书中还绘制了 1160 幅精美的插图，约 190 万字，分为 16 部、60 类。每种药物分列释名（确定名称）、集解（叙述产地）、正误（更正过去文献的错误）、修治（炮制方法）、气味、主治、发明（前三项指分析药物的功能）、附方（收集民间流传的药方）等项。全书收录植物药有 881 种，附录 61 种，共 942 种，再加上具名未用植物 153 种，共计 1095 种，占全部药物总数的 58%。李时珍把植物分为草部、谷部、菜部、果部、本部五部，又把草部分为山草、芳草、溼草、毒草、蔓草、水草、石草、苔草、杂草等九类，是我国医药宝库中的一份珍贵遗产。是对 16 世纪以前中医药学的系统总结，在训诂、语言文字、历史、地理、植物、动物、矿物、冶金等方面也有突出成就。本书 17 世纪末即传播，先后多种文字的译本，对世界自然科学也有举世公认的卓越贡献。它是几千年来祖国药物学的总结。这本药典，不论从它严密的科学分类，或是从它包含药物的数目之多和流畅生动的文笔来看，都远远超过古代任何一部本草著作。被誉为“东方药物巨典”，对人类近代科学以及医学方面影响最大。

《天工开物》

《天工开物》初刊于明崇祯十年（1637 年）。是中国古代一部综合性的科学技术著作，有人也称它是一部百科全书式的著作，作者是明朝科学家宋应星。外国学者称它为“中国 17 世纪的工艺百科全书”。作者在书中强调人类要和自然相协调、人力要与自然力相配合。《天工开物》是世界上第一部关于农业和手工业生产的综合性著作。它对中国古代的各项技术进行了系统地总结，构成了一个完整的科学技术体系。收录了农业、手工业、工业——诸如机械、砖瓦、陶瓷、硫磺、烛、纸、兵器、火药、纺织、染色、制盐、采煤、榨油等生产技术。尤其是机械，更是有详细的记述。在国外先后被翻译成多种文字。

徐光启与《农政全书》

《农政全书》的作者是徐光启。徐光启，字子先，号玄扈，上海人，生于明嘉靖四十一年（1562 年），卒于崇祯六年（1633 年），明末杰出的科学家。徐光启的科学成就是多方面的。他曾同耶稣会传教士利玛窦等人一起共同翻译了许多科学著作，如《几何原本》、《泰西水法》等，成为介绍西方近代科学的先驱；同时他自己也写了不少关于历算、测量方面的著作，如《测量异同》、《勾股义》；他还会通当时的中西历法，主持了一部 130 多卷的《崇祯历书》的编写工作。除天文、历法、数学等方面的工作以外，他还亲自练兵，负责制造火器，并成功地击退了后金的进攻。著有《徐氏庖言》、《兵事或问》等军事方面的著作。但徐光启一生用力最勤、收集最广、影响最深远的还要数农业与水利方面的研究。

徐光启出生的松江府是个农业发达之区。早年他曾从事过农业生产，取得功名以后，虽忙于各种政事，但一刻也没有忘怀农本。眼见明朝统治江河日下，屡次陈说根本之至计在于农。自号“玄扈先生”，以明重农之志。玄扈原指一种与农时季节有关的候鸟，古时曾将管理农业生产的官称为“九扈”。

万历三十五年（1607 年）至三十八年（1610 年），徐光启在为他父亲居丧的 3 年期间，就在他家乡开辟双园、农庄别墅，进行农业试验，总结出许多农作物种植、引种、耕作的经验，写了《甘薯疏》、《芜菁疏》、《吉贝疏》、《种棉花法》和《代园种竹图说》等农业著作。万历四十一年（1613 年）秋至四十六年（1618 年）闰四月，徐光启又来到天津垦殖，进行第二次农业试验。天启元年（1621 年）又两次到天津，进行更大规模的农业试验，写出了《北耕录》、《宜垦令》和《农遗杂疏》等著作。这两段比较集中的时间里从事的农事试验与写作，为他日后编撰大型农书奠定了坚实的基础。

天启二年（1622 年），徐光启告病返乡，冠带闲住。此时他不顾年事已高，继续试种农作物，同时开始搜集、整理资料，撰写农书，以实现他毕生的心愿。崇祯元年（1628 年），徐光启官复原职，此时农书写作已初具规模，但由于上任后忙于负责修订历书，农书的最后定稿工作无暇顾及，直到死于任上。以后这部农书便由他的门人陈子龙等人负责修订，于崇祯十二年（1639 年），亦即徐光启死后的 6 年，刻板付印，并定名为《农政全书》。

整理之后的《农政全书》，“大约删者十之三，增者十之二”，全书分为 12 目，共 60 卷，50 余万字。12 目中包括：农本 3 卷；田制 2 卷；农事 6 卷；水利 9 卷；农器 4 卷；树艺 6 卷；蚕桑 4 卷；蚕桑广类 2 卷；种植 4 卷；牧养 1 卷；制造 1 卷；荒政 18 卷。

《农政全书》基本上囊括了古代农业生产和人民生活的各个方面，而其中又贯穿着一个基本思想，即徐光启的治国治民的“农政”思想。贯彻这一思想正是本书不同于前代大型农书的特色之所在。前代农书，无论是北魏贾思勰的《齐民要术》，还是元代王祯的《农书》，虽然也都是以农本观念为中心思想，但重点在生产技术和知识，可以说是纯技术性的农书。《农政全书》按内容大致上可分为农政措施和农业技术两部分。但前者是全书的纲，后者是实现纲领的技术措施。于是在书中我们看到了开垦、水利、荒政这样一些不同寻常的内容，并且占了全书将近一半的篇幅，这是前代农书所鲜见的。

通观全书不难发现，《农政全书》系在对前人的农书和有关农业的文献进行系统摘编译述的基础上，加上自己的研究成果和心得体会撰写而成的。徐光启十分重视农业文献的研究，“大而经纶康济之书，小而农桑琐屑之务，目不停览，手不停笔。”据统计，全书征引的文献就有 225 种之多，真可谓是“杂采众家”。

阿基米德

阿基米德（约公元前287年—公元前212年），古希腊著名的数学家、物理学家，静力学和流体静力学的奠基人。也是具有传奇色彩的人物。

公元前287年，阿基米德出生于西西里岛的叙拉古（今意大利锡拉库萨）。他出生于贵族，与叙拉古的赫农王有亲戚关系，家庭十分富有。阿基米德的父亲是天文学家兼数学家，学识渊博，为人谦逊。他11岁时，借助与王室的关系，被送到古希腊文化中心亚历山大里亚城，跟随欧几里得的学生埃拉托塞和卡农学习，他以后和亚历山大的学者保持紧密联系，因此他算是亚历山大学派的成员。

亚历山大里亚位于尼罗河口，是当时文化贸易的中心之一。这里有雄伟的博物馆、图书馆，而且人才荟萃，被世人誉为“智慧之都”。阿基米德在这里学习和生活了许多年，曾跟很多学者密切交往。他在学习期间对数学、力学和天文学有浓厚的兴趣。在他学习天文学时，发明了用水利推动的星球仪，并用它模拟太阳、行星和月亮的运行及表演日食和月食现象。为解决用尼罗河水灌溉土地的难题，他发明了圆筒状的螺旋扬水器，后人称它为“阿基米德螺旋”。

公元前240年，阿基米德回叙拉古，当了赫农王的顾问，帮助国王解决生产实践、军事技术和日常生活中的各种科学技术问题。

公元前212年，古罗马军队攻陷叙拉古，正在聚精会神研究几何问题的阿基米德，不幸被蛮横的罗马士兵杀死，终年75岁。

阿基米德无可争议的是古代希腊文明所产生的最伟大的数学家及科学家之一，他在诸多科学领域所做出的突出贡献，为他赢得同时代人的高度尊敬，并用他的智慧颠覆人类历史。

《几何原本》

《几何原本》是古希腊数学家欧几里得所著的一部数学著作，共13卷。这本著作是现代数学的基础，在西方是仅次于《圣经》而流传最广的书籍。

古希腊大数学家欧几里德是与他的巨著——《几何原本》一起名垂千古的。这本书是世界上最著名、最完整而且流传最广的数学著作，也是欧几里德最有价值的一部著作。在《原本》里，欧几里德系统地总结了古代劳动人民和学者们在实践和思考中获得的几何知识，欧几里德把人们公认的一些事实列成定义和公理，以形式逻辑的方法，用这些定义和公理来研究各种几何图形的性质，从而建立了一套从公理、定义出发，论证命题得到定理得几何学论证方法，形成了一个严密的逻辑体系——几何学。而这本书，也就成了欧式几何的奠基之作。

两千多年来，《几何原本》一直是学习几何的主要教材。哥白尼、伽利略、笛卡尔、牛顿等许多伟大的学者都曾学习过《几何原本》，从中吸取了丰富的营养，从而作出了许多伟大的成就。

《几何原本》是古希腊数学家欧几里得的一部不朽之作，集整个古希腊数学的成果和精神于一书。即使数学巨著，又是哲学巨著，并且第一次完成了人类对空间的认识。除《圣经》之外，没有任何其他著作，其研究、使用和传播之广泛，能够与《几何原本》相比。

伽利略

伽利略·伽利雷是近代实验科学的先驱者，是意大利文艺复兴后期伟大的天文学家、力学家、哲学家、物理学家、数学家。也是近代实验物理学的开拓者，被誉为“近代科学之父”。他是为维护真理而进行不屈不挠斗争的战士。

恩格斯称他是“不管有何障碍，都能不顾一切而打破旧说，创立新说的巨人之一”。伽利略1564年2月15日生于比萨，1642年1月8日卒于比萨。1590年，伽利略在比萨斜塔上做了“两个球同时落地”的著名试验，从此推翻了亚里士多德“物体下落速度和重量成比例”的学说，纠正了这个持续了1900年之久的错误结论。

但是伽利略在比萨斜塔做试验的说法后来被严谨的考证否定了。尽管如此，来自世界各地的人们都要前往参观，他们把这座古塔看做伽利略的纪念碑。

1609年，伽利略创制了天文望远镜（后被称为伽利略望远镜），并用来观测天体，他发现了月球表面的凹凸不平，并亲手绘制了第一幅月面图。1610年1月7日，伽利略发现了木星的四颗卫星，为哥白尼学说找到了确凿的证据，标志着哥白尼学说开始走向胜利。借助于望远镜，伽利略还先后发现了土星光环、太阳黑子、太阳的自转、金星和水星的盈亏现象、月球的周日和周月天平动，以及银河是由无数恒星组成等等。这些发现开辟了天文学的新时代。

伽利略著有《星际使者》《关于太阳黑子的书信》《关于托勒密和哥白尼两大世界体系的对话》和《关于两门新科学的谈话和数学证明》。

为了纪念伽利略的功绩，人们把木卫一、木卫二、木卫三和木卫四命名为伽利略卫星。

人们争相传颂：“哥伦布发现了新大陆，伽利略发现了新宇宙”。

伽利略为牛顿的牛顿运动定律第一、第二定律提供了启示。他非常重视数学在应用科学方法上的重要性，特别是实物与几何图形符合程度到多大的问题。

布鲁诺

乔尔丹诺·布鲁诺（1548—1600），文艺复兴时期意大利伟大的哲学家、科学家，出生于意大利那不勒斯附近的诺拉镇。他幼年丧失父母，家境贫寒，所以由神甫养育长大。但他自幼好学，15岁那年当了多米尼修道院的修道士。他全凭顽强自学，终于成为当时知识渊博的学者。后来他发展了波兰科学家哥白尼日心说，提出“宇宙无限说”，还提出了唯物主义思想。这些学说及思想极大地撼动了教会的统治地位，被教会处以火刑，布鲁诺在罗马的百花广场上英勇就义。但他的思想在欧洲大陆传播开来，他捍卫真理不畏迷信的精神被人们所歌颂，直到今天。

牛顿与力学三定律

艾萨克·牛顿是英国伟大的数学家、物理学家、天文学家和自然哲学家，其研究领域包括了物理学、数学、天文学、神学、自然哲学和炼金术。牛顿的主要贡献有发明了微积分，发现了万有引力定律和经典力学，设计并实际制造了第一架反射式望远镜等等，被誉为人类历史上最伟大，最有影响力的科学家。为了纪念牛顿在经典力学方面的杰出成就，“牛顿”后来成为衡量力的大小的物理单位。

牛顿运动定律是艾萨克·牛顿提出了物理学的三个运动定律的总称，被誉为是经典物理学的基础。

“牛顿第一定律即惯性定律：一切物体在不受任何外力的作用下，总保持匀速直线运动状态或静止状态，直到有外力迫使它改变这种状态为止。——它明确了力和运动的关系及提出了惯性的概念”、“牛顿第二定律即物体的加速度跟物体所受的合外力 F 成正比，跟物体的质量成反比，加速度的方向跟合外力的方向相同。即公式：F = kma（当 m 单位为 kg，a 单位为 m/s2 时，k = 1）、牛顿第三定律即两个物体之间的作用力和反作用力，在同一条直线上，大小相等，方向相反。”

瓦特与蒸汽机

瓦特（1736—1819）英国发明家、工程师。1736 年 1 月 19 日生于苏格兰的一个小镇格里诺克。父亲是个具有多种手艺的工匠，受其影响瓦特从小就有实验的兴趣和才能，经常随父亲到工厂学习制作机械模型、仪器的技术，进行化学和电学实验。靠着虚心求学、刻苦钻研的精神，瓦特 15 岁就学完了《物理学原理》并获得了丰富的木工、金属冶炼和加工等工艺技术。瓦特在蒸汽机的发明史上做过决定性贡献，被人们誉为“蒸汽大王”。

瓦特的主要功绩是对蒸汽机做了重大改进，为工业提供了强大的动力机。

瓦特在 1765 年制造的蒸汽机比纽科门蒸汽机的效率高 2 倍。后来，瓦特又不断改进他的机器，使它成为能够带动各种工作机的蒸汽动力机。这就是万能蒸汽机。

后来，瓦特又进一步改进蒸汽机。瓦特经过自己长期的努力，同时吸收了别人的成果，终于制成了性能比较优良的新一代蒸汽机——瓦特蒸汽机。至今所用的蒸汽机基本上就是瓦特的往复式旋转式蒸汽机。瓦特蒸汽机的发明，极大作地推动了当时正在蓬勃兴起的英国工业革命，从而使世界工业进入了大规模的蒸汽机时代。

1794 年 10 月，59 岁的瓦特把事业让给儿子，从第一线退下来。1819 年 8 月 29 日，瓦特在他的希思菲尔德的住宅里去世，终年 84 岁。直到现在，在英国伦敦最出色的科学博物馆里，还陈列着瓦特的蒸汽机。

达尔文与《物种起源》

查尔斯·罗伯特·达尔文（1809—1882），1809 年 2 月 12 日诞生在英国的一个小城镇。英国生物学家，进化论的奠基人。查尔斯·罗伯特·达尔文曾以博物学家的身份，参加了英国派遣的环球航行，做了五年的科学考察。在动植物和地质方面进行了大量的观察和采集，经过综合探讨，形成了生物进化的概念。

1859年出版了震动当时学术界的《物种起源》。书中用大量资料证明了形形色色的生物都不是上帝创造的，而是在遗传、变异、生存斗争中和自然选择中，由简单到复杂，由低等到高等，不断发展变化的，提出了生物进化论学说。

《物种起源》是进化论的奠基人达尔文的第一部巨著。这部著作的问世，第一次把生物学建立在完全科学的基础上，以全新的生物进化思想推翻了“神创论”和“物种不变”的理论。

《物种起源》的出版，在欧洲乃至整个世界都引起轰动。它沉重地打击了神权统治的根基，从反动教会到封建御用文人都狂怒了，他们群起攻之，诬蔑达尔文的学说“亵渎圣灵”，触犯“君权神授天理”，有失人类尊严。与此相反，以赫胥黎为代表的进步学者，积极宣传和捍卫达尔文主义。进化论轰开了人们的思想禁锢，启发和教育人们从宗教迷信的束缚下解放出来。

门捷列夫与《元素周期表》

门捷列夫1834年生于一个多子女家庭。父亲是一个中学校长。他出生那年，父亲突然双目失明，不得不停止工作。门捷列夫在艰难的环境中成长。不久，父母先后去世，门捷列夫在一个边远城市上中学。那里教育水平很差。在大学一年级时，他是全班28名学生中的第25名。但他奋起直追，大学毕业时便跃居第一名，荣获金质奖章，23 岁时成为副教授，31 岁时成为教授。

众所周知，《元素周期表》是所有学习化学者的必修课程，也是所有化学研究的基础。1860 年，俄罗斯化学家门捷列夫在为其著作《化学原理》考虑写作计划时，深为无机化学缺乏系统性所困扰。于是，他开始搜集已知元素的性质、资料和有关数据，在前人工作的基础上对大量实验事实进行了订正、分析和概括，于 1869 年 2 月编成了他的第一张元素周期表。1869 年 3 月 18 日，俄国化学会举行学术报告会，门捷列夫因病未能出席，他委托他的同事、彼得堡大学化学教授门许特金代他宣读他的论文《元素性质和原子量的关系》。在论文中，他指出：

1. 按照原子量大小排列起来的元素，在性质上呈现明显的周期性变化。

2. 化学性质相似的元素，或者是原子量相近（如 Pt，Ir，Os），或者是依次递增相同的数量（如 K，Rb，Cs）。

3. 各族元素的原子价（化合价）一致。

4. 分布在自然界的元素都具有数值不大的原子量值，具有这样的原子量值的一切元素都表现出特有的性质，因此可以称它们是典型的元素。

5. 原子量的大小决定元素的特征。

6. 应该预料到许多未知元素将被发现，例如排在铝和硅后面的、性质类似铝和硅的、原子量位于 65～75 之间的两种元素。

7. 当我们知道了某些元素的同类元素的原子量后，有时可借此修正该元素的原子量。

8. 一些类似的元素能根据其原子量的大小被发现出来。

正如门捷列夫所指出的，周期律的全部规律性都表述在这些原理中。其中最主要的是元素的物理和化学性质随着原子量的递增而做着周期性的变化。他的卓见没有立即被接受。他的老师、俄国化学家齐宁甚至训诫他是不务正业。在这种压力下，门捷列夫没有像纽兰兹那样伤心地放弃对新理论的研究，他不顾名家的指责和嘲笑，继续为周期律的揭示而奋斗。经过两年的努力，1871 年他发表了关于周期律的新论文。文中他果断地修正了前一个元素周期表。例如在前一表中，性质类似的各族是横排，周期是竖排；而在新表中，族是竖排，周期是横排，这样各族元素化学性质的周期性变化就更为清晰。同时他像迈耶尔那样，将那些当时性质尚不够明确的元素集中在表格的右边，形成了各族元素的副族。在前表中为尚未发现的元素留下的4个空格，在新表中则变成了6个。

门捷列夫深信他所发现的周期律是正确的。他以周期律为依据，大胆指出某些元素的原子量是不准确的，应重新测定。例如当时公认金的原子量为169.2，按此，在周期表中，金应排在锇、铱、铂（当时认为它们的原子量分别是198.6，196.7，196.7）的前面。而门捷列夫根据金的性质认为金在周期表中应排在这些元素的后面，所以它们的原子量应重新测定。重新测定的结果是：锇为190.9，铱为193.1，铂为195.2，金为197.2。实验证明了门捷列夫的意见是对的。又例如，当时铀公认的原子量是116，是三价元素。门捷列夫则根据铀的氧化物与铬、钼、钨的氧化物性质相似，认为它们应属于一族，因此铀应为六价，原子量约为240。经测定，铀的原子量为238.07，再次证明门捷列夫的判断正确。基于同样的道理，门捷列夫还修正了铟、镧、钇、铒、铈、钍的原子量。

门捷列夫对于各种元素的单质和化合物的化学性质十分了解，并清楚多种原子量的测定方法，这些知识使他对周期律怀有坚定的信念。而他在周期表中留下空位，并详细预言尚未发现元素的种种性质，则是他在揭示元素周期律的道路上迈出的最出色、最具胆略的一步。门捷列夫的兴趣非常广泛。他对物理学、化学、气象学、流体力学等，都有许多贡献。

1907年1月20日清晨5时，他因肺炎逝世，时年73岁。当时他面前的写字台上还放着一本末写完的关于科学和教育的著作。在他临去世时，手里还握着笔。长长的送葬队伍，达几万人之多。队伍前面，既不是花圈，也不是遗像，而是几十位学生抬着的大木牌，牌上画着化学元素周期表—他一生的主要功绩。

法拉第

迈克尔·法拉第，英国著名物理学家、化学家。在化学、电化学、电磁学等领域都做出过杰出贡献。他家境贫寒，未受过系统的正规教育，但却在众多领域中作出惊人成就，堪称刻苦勤奋、探索真理、不计个人名利的典范。

迈克尔·法拉第，于1791年9月22日出生在萨里郡纽因顿的一个铁匠家庭。13岁就在一家书店当送报和装订书籍的学徒。他有强烈的求知欲，挤出一切休息时间"贪婪"地力图把他装订的一切书籍内容都从头读一遍。读后还临摹插图，工工整整地作读书笔记；用一些简单器皿照着书上进行实验，仔细观察和分析实验结果，把自己的阁楼变成了小实验室。在这家书店待了八年，他废寝忘食、如饥似渴地学习。他后来回忆这段生活时说："我就是在工作之余，从这些书里开始找到我的哲学。这些书中有两种对我特别有帮助，一是《大英百科全书》，我从它第一次得到电的概念；另一是马塞夫人的《化学对话》，它给了我这门课的科学基础。"

法拉第1813年随同戴维赴欧洲大陆作科学考察旅行，1815年回国后继续在皇家学院工作，长达50余年。1816年发表第一篇科学论文。他最初从事化学研究工作，也涉足合金钢、重玻璃的研制。在电磁学领域，倾注了大量心血，取得出色成绩。1824年被选为皇家学会会员，1825年接替戴维任皇家学院实验室主任，1833年任皇家学院化学教授。

他的工作异常勤奋，研究领域十分广泛。1818—1823年研制合金钢期间，首创金相分析方法。1823年从事气体液化工作，标志着人类系统进行气体液化工作的开始。采用低温加压方法，液化了氯化氢、硫化氢、二氧化硫、氢等。1824年起研制光学玻璃，这次研究导致在1845年利用自己研制出的一种重玻璃（硅酸硼铅），发现了磁致旋光效应。1825年在把鲸油和鳕油制成的燃气分馏中发现苯。

他最出色的工作是电磁感应的发现和场的概念的提出。1821年在读过奥斯特关于电流磁效应的论文后，为这一新的学科领域深深吸引。他刚刚迈入这个领域，就取得重大成果——发现通电流的导线能绕磁铁旋转，从而跻身著名电学家的行列。因受苏格兰传统科学研究方法影响，通过奥斯特实验，他认为电与磁是一对和谐的对称现象。既然电能生磁，他坚信磁亦能生电。经过10年探索，历经多次失败后，1831年8月26日终于获得成功。这次实验因为是用伏打电池在给一组线圈通电（或断电）的瞬间，在另一组线圈获得的感生电流，他称之为“伏打电感应”。尔后，同年10月17日完成了在磁体与闭合线圈相对运动时在闭合线圈中激发电流的实验，他称之为“磁电感应”。经过大量实验后，他终于实现了“磁生电”的夙愿，宣告了电气时代的到来。

他在艰难困苦中选择科学为目标，就决心为追求真理而百折不回，义无反顾，不计名利，刚正不阿。他关心科学普及事业，愿更多的青少年奔向科学的殿堂。1826年他提议开设周五科普讲座，直到1862年退休他共主持过100多次讲座，并积极参与皇家学院每年“圣诞节讲座”凡19年。根据他的讲稿汇编出版了《蜡烛的故事》一书，被译为多种文字出版，是科普读物的典范。他生活简朴，不尚华贵，以致有人到皇家学院实验室作实验时错把他当作守门的老头。“希望你们年轻的一代，也能像蜡烛为人照明那样，有一分热，发一分光，忠诚而脚踏实地地为人类伟大的事业贡献自己的力量。”这是法拉第的名言。

诺贝尔与诺贝尔奖

诺贝尔奖（NobelPrize）创立于1901年，它是根据瑞典著名化学家、硝化甘油炸药发明人阿尔弗雷德·贝恩哈德·诺贝尔（1833—1896）的遗嘱以其部分遗产作为基金创立的。

诺贝尔生于瑞典的斯德哥尔摩。诺贝尔一生致力于炸药的研究，因发明硝化甘油引爆剂、硝化甘油固体炸药和胶状炸药等，被誉为“炸药大王”。他不仅从事理论研究，而且进行工业实践。他一生共获得技术发明专利355项，并在欧美等五大洲20个国家开设了约100家公司和工厂，积累了巨额财富。

1896年12月10日，诺贝尔在意大利的圣雷莫逝世。逝世的前一年，他立嘱将其遗产的大部分（约920万美元）作为基金，将每年所得利息分为5份，设立物理、化学、生理与医学、文学及和平5种奖金，授予世界各国在这些领域对人类作出重大贡献的人。据此，1900年6月瑞典政府批准设置了诺贝尔基金会，瑞典议会通过了《颁发诺贝尔奖金章程》，并于次年诺贝尔逝世5周年纪念日，即1901年12月10日首次颁发诺贝尔奖。自此以后，除因战时中断外，每年的这一天分别在瑞典首都斯德哥尔摩和挪威首都奥斯陆举行隆重授奖仪式。

1968年瑞典中央银行于建行300周年之际，为纪念诺贝尔，出资增设了诺贝尔经济奖（全称为“瑞典中央银行纪念阿尔弗雷德·伯恩德·诺贝尔经济科学奖金”，亦称“纪念诺贝尔经济学奖”），授予在经济科学研究领域作出重大贡献的人。该奖于1969年开始与其他5个奖项同时颁发。

1990年诺贝尔的一位重侄孙克劳斯·诺贝尔又提出增设诺贝尔地球奖，授予全世界为保护环境作出重大贡献的人士。这项被称为绿色诺贝尔奖的“联合国——地球是一体”奖于1991年6月5日世界环境日之际由“地球是一体”协会在联合国的赞助下首次颁发。

诺贝尔奖包括金质奖章、证书和奖金支票。其中奖金数视基金会的收入而定，奖金的面值由于通货膨胀逐年有所提高，最初约为3万多美元，20世纪60年代约为7.5万美元，80年代约为22万美元，90年代达到100万美元左右。2001年每项诺贝尔奖奖金金额为1000万瑞典克朗（约合95万美元）。2005年每项贝尔奖奖金金额为1000万瑞典克朗（约合130万美元）。

金质奖章约重半镑，内含黄金23K，奖章直径约为6.5厘米，正面是诺贝尔的浮雕像。不同奖项、奖章的背面饰物不同。每份获奖证书的设计也各具风采。颁奖仪式隆重而简朴，每年出席的人数限定在1500人至1800人之间，其中男士要穿燕尾服或民族服装，女士要穿严肃的晚礼服，仪式中所用的鲜花从世界各地空运而来，以表示对知识的尊重。

诺贝尔奖自1901年颁发以来，共有6位华人获得诺贝尔科学奖，他们分别是李政道、杨振宁、丁肇中、李远哲、朱棣文和崔琦。

根据诺贝尔遗嘱，在评选的整个过程中，获奖人不受任何国籍、民族、意识形态和宗教的影响，评选的唯一标准是成就的大小。

诺贝尔奖评选的全过程都是保密的，而且没有复议。在发表最后结果时，也只有获奖人的姓名和简要理由。有关评选的记录和候选人材料等，50年内都不得向外界公开。即使过了这一时限，也仅供研究诺贝尔奖的专业人员查阅。诺贝尔奖各颁奖机构都极为强调其严格的独立性。即便是瑞典和挪威政府，对评选结果也不能施加任何影响。

遵照诺贝尔遗嘱，物理学奖和化学奖由瑞典皇家科学院评定，生理学或医学奖由瑞典皇家卡罗林医学院评定，文学奖由瑞典文学院评定，和平奖由挪威诺贝尔委员会选出。1968年又增设了经济学奖，奖金由瑞典中央银行提供，委托瑞典皇家科学院评定。负责评定诺贝尔文学奖的瑞典文学院首建于1786年，是以维护和发展瑞典文学和文字为宗旨的国家学院。18名终身院士组成诺贝尔文学奖评委会，每年10月的一个星期四公开宣布当年度的诺贝尔文学奖得主。根据古老的传统，退出文学院的院士名额将不添加，只有在现任院士去世后才增添新的院士。

诺贝尔奖的每个授奖单位设有一个由5人组成的委员会负责评选工作，这个委员会三年一届。其评选过程和原则为：

评选过程的第一步是推荐候选人。推荐者必须有一定资格，他们必须是：前诺贝尔奖获得者、诺贝尔奖评委会委员、特别指定的大学教授、诺贝尔奖评委会特邀教授、有代表性的作家协会主席（文学奖）、某些国际性会议和组织的成员（和平奖）、各国议会议员和内阁成员（和平奖）。任何人都不能推荐自已为获奖者。瑞典和挪威政府无权干涉诺贝尔奖的评选工作，不能表示支持或反对被推荐的候选人。推荐候选人工作在每年2月1日前结束，9月份左右推荐人把推荐报告递交有关评选机构。评选委员会在对候选人的成就进行讨论后，于10月中旬公布评选结果。各诺贝尔奖评选委员会对候选人的评审工作都是秘密进行的。

爱迪生

托马斯·阿尔瓦·爱迪生是位举世闻名的美国电学家和发明家，他除了在留声机、电灯、电话、电报、电影等方面的发明和贡献以外，在矿业、建筑业、化工等领域也有不少著名的创造和真知灼见。爱迪生一生共有约两千项创造发明，为人类的文明和进步作出了巨大的贡献。

爱迪生只读了三个月的小学就失学了。但他勤于自学，善于思考，对科学实验如痴如醉，他一生中取得1093项发明专利权，其中著名的有留声机、电灯、电影摄影机、碱性蓄电池等。1879年10月21日，他用碳化的卷绕棉线作为灯丝，成功制作出世界上第一个电灯泡。他花了近3天时间把灯丝装进真空玻璃泡，通上电源，发出相当于10盏煤气灯的温柔光芒，延续了约40个小时。他试验过从世界各地找来的1600种耐热材料、6000种植物纤维。他确定以碳化竹丝做灯丝。这种灯丝能连续照明1200小时。1908年，爱迪生电气公司职员威廉·克里奇又发明了钨丝灯丝，最终使灯丝经久耐用。

爱迪生除了在留声机、电灯、电话、电报、电影等方面的发明和贡献以外，在矿业、建筑业、化工等领域有不少创造和真知灼见，成为著名的发明家，被誉为“发明大王”，为人类的文明和进步做出了巨大贡献。

爱迪生同时也是一位企业家，1879年创办了“爱迪生电力照明公司”，1880年，白炽灯上市销售，1890年，爱迪生已经将其各种业务组建成为爱迪生通用电气公司。1891年，爱迪生的细灯丝、高真空白炽灯泡获得专利。1892年，汤姆·休斯顿公司与爱迪生电力照明公司合并成立了通用电器公司，开始了通用电器在电气领域长达一个世纪的统治地位。

爱因斯坦与相对论

阿尔伯特·爱因斯坦（1879 年—1955 年），举世闻名犹太裔美国科学家，现代物理学的开创者和奠基人。1999 年 12 月 26 日，爱因斯坦被美国《时代》周刊评选为“世纪伟人”。

爱因斯坦 1900 年毕业于苏黎世工业大学，并入瑞士籍。1905 年获苏黎世大学哲学博士学位。曾在伯尔尼专利局任职。苏黎世工业大学、布拉格德意志大学教授。1913 年返德国，任柏林威廉皇帝物理研究所长和柏林大学教授，并当选为普鲁士科学院院士。1933 年因受纳粹政权迫害，迁居美国，任普林斯顿高级研究所教授，从事理论物理研究，1940 年入美国国籍。

1915 年 11 月，爱因斯坦先后向普鲁士科学院提交了四篇论文，在这四篇论文中，他提出了新的看法，证明了水星近日点的进动，并给出了正确的引力场方程。至此，广义相对论的基本问题都解决了，广义相对论诞生了。1916 年，爱因斯坦完成了长篇论文《广义相对论的基础》，在这篇文章中，爱因斯坦首先将以前适用于惯性系的相对论称为狭义相对论，将只对于惯性系物理规律同样成立的原理称为狭义相对性原理，并进一步表述了广义相对性原理：物理学的定律必须对于无论哪种方式运动着的参照系都成立。

爱因斯坦的广义相对论认为，由于有物质的存在，空间和时间会发生弯曲，而引力场实际上是一个弯曲的时空。爱因斯坦用太阳引力使空间弯曲的理论，很好地解释了水星近日点进动中一直无法解释的43秒。广义相对论的第二大预言是引力红移，即在强引力场中光谱向红端移动，20年代，天文学家在天文观测中证实了这一点。广义相对论的第三大预言是引力场使光线偏转，。最靠近地球的大引力场是太阳引力场，爱因斯坦预言，遥远的星光如果掠过太阳表面将会发生1.7秒的偏转。1919年，在英国天文学家爱丁顿的鼓动下，英国派出了两支远征队分赴两地观察日全食，经过认真的研究得出最后的结论是：星光在太阳附近的确发生了1.7秒的偏转。英国皇家学会和皇家天文学会正式宣读了观测报告，确认广义相对论的结论是正确的。会上，著名物理学家、皇家学会会长汤姆孙说："这是自从牛顿时代以来所取得的关于万有引力理论的最重大的成果"，"爱因斯坦的相对论是人类思想最伟大的成果之一"。爱因斯坦成了新闻人物，他在1916年写了一本通俗介绍相对认的书《狭义相对论与广义相对论浅说》，到1922年已经再版了40次，还被译成了十几种文字，广为流传。

天文地理篇

TIAN WEN DI LI PIAN

圭表

圭表是我国古代度量日影长度的一种天文仪器，由“圭”和“表”两个部件组成。直立于平地上测日影的标杆和石柱，叫做表；正南正北方向平放的测定表影长度的刻板，叫做圭。

很早以前，人们发现房屋、树木等物在太阳光照射下会投出影子，这些影子的变化有一定的规律。于是便在平地上直立一根竿子或石柱来观察影子的变化，这根立竿或立柱就叫做“表”；用一把尺子测量表影的长度和方向，则可知道时辰。后来，发现正午时的表影总是投向正北方向，就把石板制成的尺子平铺在地面上，与立表垂直，尺子的一头连着表基，另一头则伸向正北方向，这把用石板制成的尺子叫“圭”。正午时表影投在石板上，古人就能直接读出表影的长度值。

经过长期观测，古人不仅了解到一天中表影在正午最短，而且得出一年内夏至日的正午，烈日高照，表影最短；冬至日的正午，煦阳斜射，表影则最长。于是，古人就以正午时的表影长度来确定节气和一年的长度。譬如，连续两次测得表影的最长值，这两次最长值相隔的天数，就是一年的时间长度，难怪我国古人早就知道一年等于365天多的数值。

日晷

日晷，是用太阳投射的影子来测定时刻的装置是我国古代利用日影测得时刻的一种计时仪器。又称“日规”通常由铜制的指针和石制的圆盘组成。铜制的指针叫做“晷针”，垂直地穿过圆盘中心，起着圭表中立竿的作用，因此，晷针又叫“表”，石制的圆盘叫做“晷面”，安放在石台上，呈南高北低，使晷面平行于天赤道面，这样，晷针的上端正好指向北天极，下端正好指向南天极。

在晷面的正反两面刻划出 12 个大格，每个大格代表两个小时。当太阳光照在日晷上时，晷针的影子就会投向晷面，太阳由东向西移动，投向晷面的晷针影子也慢慢地由西向东移动。晷面的刻度是不均匀的。于是，移动着的晷针影子好像是现代钟表的指针，晷面则是钟表的表面，以此来显示时刻。早晨，影子投向盘面西端的卯时附近。接着，日影在逐渐变短的同时，向北（下）方移动。当太阳达正南最高位置（上中天）时，针影位于正北（下）方，指示着当地的午时正时刻。午后，太阳西移，日影东斜，依次指向未、申、酉各个时辰。

由于从春分到秋分期间，太阳总是在天赤道的北侧运行，因此，晷针的影子投向晷面上方；从秋分到春分期间，太阳在天赤道的南侧运行，因此，晷针的影子投向晷面的下方。所以铜制的指针叫“晷针”在观察日晷时，首先要了解两个不同时期晷针的投影位置。

世界上最早的日晷诞生于6000 年前的巴比伦王国。中国最早文献记载是《隋书·天文志》中提到的袁充于隋开皇十四年公元574 年发明的短影平仪即地平日晷。赤道日晷的明确记载初见于南宋曾敏行的《独醒杂志》卷二中提到的晷影图。

赤道日晷通常由铜制的指针和石制的圆盘组成。铜制的指针叫做“晷针”，垂直地穿过圆盘中心，晷针又叫“表”，石制的圆盘叫做“晷面”，安放在石台上，呈南高北低，使晷面平行于天赤道面，这样，晷针的上端正好指向北天极，下端正好指向南天极。在晷面的正反两面刻划出 12 个大格，每个大格代表两个小时。当太阳光照在日晷上时，晷针的影子就会投向晷面，太阳由东向西移动，投向晷面的晷针影子也慢慢地由西向东移动。于是，移动着的晷针影子好像是现代钟表的指针，晷面则是钟表的表面，以此来显示时刻。这种利用太阳光的投影来计时的方法是人类在天文计时领域的重大发明，这项发明被人类所用达几千年之久，然日晷有一个致命弱点是阴雨天和夜里是没法使用的，直至1270年在意大利和德国才出现早期的机械钟，而中国则在1601年明代万历皇帝才得到二架外国的自鸣钟，清代时虽有很多进口和自制的钟表，但都为王宫贵府所用，一般平民百姓还是看天晓时。所以彻底抛却日晷，看钟表知辰光还是近现代的事。

漏刻

漏刻是我国古代一种计量时间的仪器。最初，人们发现陶器中的水会从裂缝中一滴一滴地漏出来，于是专门制造出一种留有小孔的漏壶，把水注入漏壶内，水便从壶孔中流出来，另外再用一个容器收集漏下来的水，在这个容器内有一根刻有标记的箭杆，相当于现代钟表上显示时刻的钟面，用一个竹片或木块托着箭杆浮在水面上，容器盖的中心开一个小孔，箭杆从盖孔中穿出，这个容器叫做“箭壶”。随着箭壶内收集的水逐渐增多，木块托着箭杆也慢慢地往上浮，古人从盖孔处看箭杆上的标记，就能知道具体的时刻。

后来古人发现漏壶内的水多时，流水较快，水少时流水就慢，显然会影响计量时间的精度。于是在漏壶上再加一只漏壶，水从下面漏壶流出去的同时，上面漏壶的水即源源不断地补充给下面的漏壶，使下面漏壶内的水均匀地流人箭壶，从而取得比较精确的时刻。

现存于北京故宫博物院的铜壶漏刻是公元1745年制造的，最上面漏壶的水从雕刻精致的龙口流出，依次流向下壶，箭壶盖上有个铜人仿佛报着箭杆，箭杆上刻有96格，每格为15分钟，人们根据铜人手握箭杆处的标志来报告时间。

浑天仪

浑天仪是浑仪和浑象的总称。浑天仪浑仪是测量天体球面坐标的一种仪器，而浑象是古代用来演示天象的仪表。它们是我国东汉天文学家张衡所制的。西方的浑天仪最早由埃拉托色尼于公元前255年发明。葡萄牙国旗上画有浑仪。自马努埃一世起浑天仪成为该国之象征。

浑仪模仿肉眼所见的天球形状，把仪器制成多个同心圆环，整体看犹如一个圆球，然后通过可绕中心西方的浑天仪旋转的窥管观测天体。浑仪的历史悠久，有人认为西汉落下闳、鲜于妄人、耿寿昌都造过圆仪，东汉贾逵、傅安等在圆仪上加黄道环，改称“黄道铜仪”。早期结构如何已没有记载。而最早有详细结构记载的是东晋史官丞南阳孔挺在光初六年，即公元323年所造的两重环铜浑仪，这架仪器由六合仪和四游仪组成。到了唐贞观七年，即公元633年，李淳风增加了三圾仪，把两重环改为三重仪，成为一架比较完备的浑仪，称为“浑天黄道仪”。

唐朝以后所造的浑仪，基本上与李淳风的浑仪相似，只是圆环或零部件有所增减而已。随着浑仪环数的增加，观测时遮蔽的天区愈来愈多，因此，从北宋开始简化浑仪，到了元朝郭守敬则对浑仪进行彻底改革，创制出简仪。

浑象的构造是一个大圆球上刻画或镶嵌星宿、赤道、黄道、恒稳圈、恒显圈等，类似现今的天球仪。浑象又有两种形式，一种形式是在天球外围——地平圈，以象征地。天球转动时，球内的地仍然不动。现代著作中把这种地在天内的浑象专称为“浑天象”。通常认为浑象最初是由西汉耿寿昌创制。东汉张衡的浑象是他设计的漏水转浑天仪的演示部分。以后，天文学家还多次制造过浑象，并且和水力机械联系在一起，以取得和天球周日运动同步的效果。唐代的一行和梁令瓒，宋代苏颂和韩公廉等人，把浑象和自动极时装置结合起来，发展成为世界上最早的天文钟。

简仪

简仪是元代天文学家郭守敬于公元1276年创制的一种测量天体位置的仪器。因将结构繁复的唐宋浑仪加以革新简化而成，故称简仪。它包括相互独立的赤道装置和地平装置，以地球环绕太阳公转一周的时间365.25日分度。简仪的赤道装置用于测量天体的去极度和入宿度（赤道坐标），与现代望远镜中广泛应用的天图式赤道装置的基本结构相同。它由北高南低两个支架，托着正南北方向的极轴，围绕极轴旋转的是四游双环，四游环上的窥管两端安有十字丝，这是后世望远镜中十字丝的鼻祖。极轴南端重叠放置固定的百刻环和游旋的赤道环。

为了减少百刻环与赤道环之间的摩擦，郭守敬在两环之间安装了四个小圆柱体，这种结构与近代"滚柱轴承"减少摩擦阻力的原理相同。简仪的地平装置称为立运仪，它与近代的地平经纬仪基本相似。它包括一个固定的阴纬环和一个直立的、可以绕铅垂线旋转的立运环，并有窥管和界衡各一。这个装置可以测量天体的地平方位和地平高度。简仪的底座架中装有正方案，用来校正仪器的南北方向。在明制简仪中正方案改为日晷。简仪的创制，是我国天文仪器制造史上的一大飞跃，是当时世界上的一项先进技术。欧洲直到三百多年之后的1598年才由丹麦天文学家第谷发明与之类似的装置。

阳历

阳历在天文学上，指主要按太阳的周年运动来安排的历法。它的一年有365日左右。阳历是根据太阳直射点的运行周期而制定的，其平均历年为一个回归年，其历年有两种，一种是平年，一种是闰年，闰年和平年仅差一天。

通常所说的阳历，即格里历，为现行公历。基于一年有365.242199174日，而并非刚刚好的365日，故每四年有一次闰年，即二月多了第二十九日。经过四年一闰后，已修正为365.25，但仍有误差，故每一百年就会减一个闰年，即1700，1800，1900年等均没有闰年，再修正后为365.24。最后每四百年加回一个闰年，即1600年、2000年、2400年等均有闰年，最后修正为365.2425。仍有0.0003误差，需要约3000年才会出现一天误差，所以已经很准确了。

太阳历又称为阳历，是以地球绕太阳公转的运动周期为基础而制定的历法。太阳历的历年近似等于回归年，一年12个月，这个“月”，实际上与朔望月无关。阳历的月份、日期都与太阳在黄道上的位置较好地符合，根据阳历的日期，在一年中可以明显看出四季寒暖变化的情况；但在每个月份中，看不出月亮的朔、望、两弦。

如今世界通行的公历就是一种阳历，平年365天，闰年366天，每四年一闰，每满百年少闰一次，到第四百年再闰，即每四百年中有97个闰年。公历的历年平均长度与回归年只有26秒之差，要累积3300年才差一日。

目前世界通行的公历，是人们最熟悉的一种阳历。这部历法浸透了人类几千年间所创造的文明，是古罗马人向埃及人学得，并随着罗马帝国的扩张和基督教的兴起而传播于世界各地。

阴历

阴历在天文学中主要指按月亮的月相周期来安排的历法。以月球绕行地球一周（以太阳为参照物，实际月球运行超过一周）为一月，即以朔望月作为确定历月的基础，一年为十二个历月的一种历法。在农业气象学中，阴历俗称农历、殷历、古历、旧历，是指中国传统上使用的夏历。而在天文学中认为夏历实际上是一种阴阳历。

以太阳视运动为依据设置的历法，叫“太阳历”，简称“阳历”；月亮为“太阴”，以月亮的视运动规律为依据设置的历法，称为“太阴历”，简称“阴历”。

阴历定月的依据是月亮的运动规律：月球运行的轨道，名曰白道，白道与黄道同为天体上之两大圆，以五度九分而斜交，月球绕地球一周，出没于黄道者两次，历二十七日七小时四十三分十一秒半，为月球公转一周所需的时间，谓之“恒星月”。唯当月球绕地球之时，地球因公转而位置亦有变动，计前进二十七度余，而月球每日行十三度十五分，故月球自合朔，全绕地球一周，复至合朔，实需二十九日十二时四十四分二秒八，谓之“朔望月”，习俗所谓一个月，即指朔望月而言。

《甘石星经》

《甘石星经》是世界上最早的天文学著作。在长期观测天象的基础上，战国时期楚人甘德（今属湖北）、魏人石申（今属河南开封）各写出一部天文学著作。后人把这两部著作合起来，称为《甘石星经》。甘石星经入选中国世界纪录协会世界最早的天文学著作。

春秋战国时期，随着生产的发展，天文学也有很多成就。“鲁有梓慎，晋有卜偃，郑有裨湛，宋有子韦，齐（一说是楚或鲁）有甘德，楚有唐昧，赵有尹皋，魏有石申夫皆掌著天文，各论图经。”（《晋书·天文志上》）甘德和石申夫各自在其本国进行天文观测，并各有著作刊行于世。甘德的著作名为《天文星占》，石申夫的著作名为《天文》，都是八卷。汉朝时，这两部著作还是各自刊行的。后人把这两部著作合并，并定名为《甘石星经》。甘德和石申夫当时曾系统地观察了金、木、水、火、土五大行星的运行，初步掌握了这些行星的运行规律，记录了800个恒星的名字，其中测定了121颗恒星的方位，发现了金、木、水、火、土五大行星的运动规律。后人把甘德和石申夫测定恒星的记录称之为《甘石星表》（又称《甘石星经》）。它是世界上最早的恒星表，比希腊天文学家伊巴谷在公元前二世纪测编的欧洲第一个恒星表还早约200年。《甘石星经》在宋代就失传了，在唐代的《开元占经》中还保存一些片断，南宋晁公武的《郡斋读书志》的书目中保存了它的梗概。

《授时历》

《授时历》是中国古代最优秀的历法，也是行用时间最长的历法。从元代颁布开始，历经整个明代，一直到清初的360多年中，行用的历法实际上都是《授时历》，只是名称有所变化而已。

《授时历》之所以沿用这么长时间，和它的计算精度非常高有很大关系。首先，它使用了当时世界上最为精确的天文资料，如它的回归年的长度365.2425日，这和现行的公历所采用的数值是一样的；其次，它吸收了《统天历》首先发现回归年的长度在逐渐变小的观点，规定一百年中回归年的长度减小0.0001日，虽然这个数值有点大，但它与《统天历》相比，还是要精确一些。

另外，《授时历》废除了沿用了上千年的上元积年和用复杂分数表示天文资料的办法，不仅大大简少了计算量，也保证了计算精度。《授时历》在计算方法上也有很大的创新，如为了对太阳、月亮的不均匀运动进行改正创造了三次插内插法；为了进行黄道和赤道宿度之间的转化以及太阳视赤纬的转化，而创立了类似球面三角法的数学方法。

天文台

天文台天文台是专门进行天象观测和天文学研究的机构，世界各国天文台大多设在山上。每个天文台都拥有一些观测天象的仪器设备，主要是天文望远镜。

公元前2600年，古埃及为了观测天狼星，建立了迄今为止已知世界上最早的天文台；前2000年，巴比伦也建立了天文台。中国在大约2500年前，也开始有天文台，当称为清台、灵台、观象台。古代许多国家的天文台常常不但是天文观测的场所，也是运用占星学的场所，也因此天文台一般都为统治者所控制。15—16 世纪，欧洲的一些天文家开始建立自己的天文台，其中很著名的就是丹麦的天文学家第谷 1576 年在哥本哈根建立的天文台，它配备了当时最先进的天文仪器。天文望远镜发明后，天文台得到了发展。1667 年法国建立了巴黎天文台；1675 年英国建立了格林尼治天文台。20 世纪，天体物理学的发展进一步促进了天文台的发展，许多天文台装备了大口径的反射望远镜。截止至 2009 年，世界上大约有 400 个大型的天文台。

天文台的主要工作是用天文望远镜观测星星。中国的天文台大多设在山上。如紫金山天文台，它就设立在南京城外东北的紫金山上，海拔 267 米。北京天文台设有 5 个观测站，其中兴隆观测站海拔约 940 米，密云观测站海拔约 150 米。上海天文台在佘山的工作站，海拔也有 98 米。云南天文台在昆明市的东郊，海拔为 2020 米。世界上公认的三个最佳天文台台址都是设在高山之巅，这就是夏威夷莫纳凯亚山山顶，海拔 4206 米；智利安第斯山，海拔 2500 米山地；以及大西洋加那利群岛，2426 米高的山顶。

万里长城

长城是古代中国在不同时期为抵御塞北游牧部落联盟侵袭而修筑的规模浩大的军事工程的统称。长城东西绵延上万华里，因此又称作万里长城。

它是中华文明的瑰宝，也是世界文化遗产，可与埃及金字塔齐名，是人间的奇迹。在遥远的两千多年以前，劳动人民以血肉之躯修筑了万里长城，谈何容易。长城是中国古代人民智慧的的结晶，是中华民族的象征。因长度逾万里，故又称作“万里长城”。据记载，秦始皇使用了近百万劳动力修筑长城，占全国人口的 1/20，全部劳动都得靠人力，而工作环境又是崇山峻岭、峭壁深壑，十分艰难。春秋战国时期，诸侯各国为了防御别国入侵，修筑烽火台，用城墙连接起来，形成最早的长城。以后历代君王大都加固增修。长城东起河北省山海关，西至甘肃嘉峪关，从东向西行经 10 个省区市。长城的总长度为 8851. 8

千米，其中人工墙体长度为6259.6千米，壕堑和天然形成长度为2592.2千米。长城是我国古代劳动人民创造的伟大的奇迹，是中国悠久历史的见证。它与天安门，兵马俑一起被世人视为中国的象征。

秦兵马俑

秦始皇兵马俑（一说为宣太后）陪葬坑，是世界最大的地下军事博物馆。俑坑布局合理，结构奇特，在深5米左右的坑底，每隔3米架起一道东向西的承重墙，兵马俑排列在墙间空档的过洞中。秦陵内共有3个兵马俑坑，呈品字形排列。秦始皇一号俑坑，呈长方形，东西长230米，南北宽62米，深约5米，总面积14260平方米，四面有斜坡门道。俑坑中最多的是武士俑，身高1.7米左右，最高的1.9米。陶马高1.5米左右，身长2米左右，战车与实用车的大小一样。人、马车和军阵是通过写实手法的艺术再现。秦俑大部分手执青铜兵器，有弓、弩、箭镞、铍、矛、戈、殳、剑、弯刀和钺。青铜兵器因经过防锈处理，埋在地下两千多年，至今仍然光亮锋利如新，它们是当时的实战武器，身穿甲片细密的铠甲，胸前有彩线挽成的结穗。军吏头戴长冠，数量比武将多。秦俑的脸型、胖瘦、表情、眉毛、眼睛和年龄有差异。

兵马俑多用陶冶结合的方法制成，先用陶模作出初胎，再覆盖一层细泥进行加工刻划加彩，有的先烧后接，有的先接再烧。其实当年的兵马俑各个都有鲜艳和谐的彩绘。

兵马俑的车兵、步兵、骑兵列成各种阵势。整体风格浑厚、健美、洗练。如果仔细观察，脸型、发型、体态、神韵均有差异：陶马有的双耳竖立，有的张嘴嘶鸣，有的闭嘴静立。所有这些秦始皇兵马俑都富有感染人的艺术魅力。

兵马俑体现了我国古代人民的智慧，中国古代人民的智慧不可低估，而兵马俑更是全世界的一个奇迹，他让外国人赞叹，让中国人骄傲。

故宫

故宫位于北京市中心，旧称紫禁城。是明、清两代的皇宫，无与伦比的古代建筑杰作，世界现存最大、最完整的木质结构的古建筑群。

故宫，即在封建王朝统治结束的时候前王朝皇帝所居住工作的宫殿建筑群，现多指北京故宫博物院。故宫始建于明永乐 4 年（1406 年），1420 年基本竣工，是明朝皇帝朱棣始建。故宫南北长 961 米，东西宽 753 米，面积约为 725，000 平方米。建筑面积 15.5 万平方米。相传故宫一共有 9999.5 间，实际据 1973 年专家现场测量故宫有房间 8704 间，有人做过形象比喻，说一个人从出生就开始住，每一天住一间房，不重复，要住到 27 岁才可以出来。宫城周围环绕着高 12 米，长 3400 米的宫墙，形式为一长方形城池，墙外有 52 米宽的护城河环绕，形成一个森严壁垒的城堡。故宫宫殿建筑均是木结构、黄琉璃瓦顶、青白石底座，饰以金碧辉煌的彩画。故宫有 4 个门，正北京故宫午门门名午门，东门名东华门，西门名西华门，北门名神武门。

故宫的建筑依据其布局与功用分为“外朝”与“内廷”两大部分。“外朝”与“内廷”以乾清门为界，乾清门以南为外朝，以北为内廷。故宫外朝、内廷的建筑气氛迥然不同。

故宫宫殿是沿着一条南北向中轴线排列，三大殿、后三宫、御花园都位于这条中轴线上。并向两旁展开，南北取直，左右对称。这条中轴线不仅贯穿在紫禁城内，而且南达永定门，北到鼓楼、钟楼，贯穿了整个城市，气魄宏伟，规划严整，极为壮观。

外朝以太和殿、中和殿、保和殿三大殿为中心，是皇帝举行朝会北京故宫太和殿的地方，也称为“前朝”。是封建皇帝行使权力、举行盛典的地方。此外两翼东有文华殿、文渊阁、上驷院、南三所；西有武英殿、内务府等建筑。内廷以乾清宫、交泰殿、坤宁宫后三宫为中心，两翼为养心殿、东六宫、西六宫、斋宫、毓庆宫，后有御花园。是封建帝王与后妃居住之所。内廷东部的宁寿宫是当年乾隆皇帝退位后养老而修建。内廷西部有慈宁宫、寿安宫等。此外还有重华宫，北五所等建筑。

颐和园

颐和园是我国现存规模最大，保存最完整的皇家园林，为中国四大名园（另三座为承德的避暑山庄，苏州的拙政园，苏州的留园）之一，被誉为皇家园林博物馆。颐和园位于北京市西北近郊海淀区，距北京城区 15 千米。是利用昆明湖、万寿山为基址，以杭州西湖风景为蓝本，汲取江南园林的某些设计手法和意境而建成的一座大型天然山水园，也是保存得最完整的一座皇家行宫御苑，占地约 290 公顷。颐和园原是清朝帝王的行宫和花园，前身清漪园，是三山五园中最后兴建的一座园林，始建于 1750 年，1764 年建成，面积 290 公顷，水面约占 3/4。

园内建筑以佛香阁为中心，园中有景点建筑物百余座、大小院落 20 余处，3555 古建筑，面积 70000 多平方米，共有亭、台、楼、阁、廊、榭等不同形式的建筑3000多间。古树名木1600余株。其中佛香阁、长廊、石舫、苏州街、十七孔桥、谐趣园、大戏台等都已成为家喻户晓的代表性建筑。

1998年12月2日，颐和园以其丰厚的历史文化积淀，优美的自然环境景观，卓越的保护管理工作被联合国教科文组织列入《世界遗产名录》，誉为世界几大文明之一的有力象征。颐和园于1987年被批准为世界文化遗产。

避暑山庄

承德避暑山庄曾是中国清朝皇帝的夏宫。距离北京200千米。是由皇帝宫室、皇家园林和宏伟壮观的寺庙群所组成。避暑山庄位于承德市中心区以北，武烈河西岸一带狭长的谷地上，山庄的建筑布局大体可分为宫殿区和苑景区两大部分，苑景区又可分成湖区、平原区和山区三部分。内有康熙乾隆钦定的72景。拥有殿、堂、楼、馆、亭、榭、阁、轩、斋、寺、等建筑100余处。它的最大特色是山中有园，园中有山。

避暑山庄是中国著名的古代帝王宫苑，始建于康熙四十二年（1703年），建成于乾隆五十五年，历时87年。避暑山庄占地564万平方米，环绕山庄婉蜒起伏的宫墙长达万米，是中国现存最大的古典皇家园林。相当于颐和园的两倍，有八个北海公园那么大。与北京紫禁城相比，避暑山庄以朴素淡雅的山村野趣为格调，取自然山水之本色，吸收江南塞北之风光，成为中国现存占地最大的古代帝王宫苑。

避暑山庄及周围寺庙是一个紧密关联的有机整体，同时又具有不同风格的强烈对比，避暑山庄朴素淡雅，其周围寺庙金碧辉煌。这是清帝处理民族关系重要举措之一。由于存在众多群体的历史文化遗产，使避暑山庄及周围寺庙成为全国重点文物保护单位、全国十大名胜、和四十四处风景名胜保护区之一，承德也因此成为全国首批二十四座历史文化名城。

北京天坛

北京天坛地处北京，在原北京外城的东南部。位于故宫正南偏东的城南，正阳门外东侧。始建于明朝永乐十八年（1420 年）。是中国古代明、清两朝历代皇帝祭天之地。总面积为 273 公顷。是明清两代帝王用以“祭天”“祈谷”的建筑。1961 年，国务院公布天坛为“全国重点文物保护单位”。1998 年被联合国教科文组织确认为“世界文化遗产”。2009 年，北京天坛入选中国世界纪录协会中国现存最大的皇帝祭天建筑。

北京天坛占地 272 万平方米，整个面积比紫禁城（故宫）还大些，有两重垣墙，形成内外坛，主要建筑祈年殿、皇穹宇、圜丘。圜丘建造在南北纵轴上。坛墙南方北圆，象征天圆地方。圜丘坛在南，祈谷坛在北，二坛同在一条南北轴线上，中间有墙相隔。圜丘坛内主要建筑有圜丘坛、皇穹宇等，祈谷坛内主要建筑有祈年殿、皇乾殿、祈年门等。年殿建于明永乐十八年（1420），初名“大祀殿”，是一个矩形大殿。祈年殿高 38. 2 米，直径 24. 2 米，里面分别寓意四季、十二月、十二时辰以及周天星宿，是古代明堂式建筑仅存的一列。圜丘建于明嘉靖九年。每年冬至在台上举行“祀天大典”，欲称祭天台。回音壁是天库的圆形围墙。因墙体坚硬光滑，所以是声波的良好反射体，又因圆周曲率精确，声波可沿墙内面连续反射，向前传播。天坛面积辽阔，相当于紫禁城的四倍。在极小占地的建筑周围种植着苍松翠柏，深绿颜色在古代表示崇敬、追念和祈求之意。这也是在坛、庙、陵寝种植松柏的原因。

北京天坛1998年11月被列入《世界遗产名录》。

苏州园林

苏州园林是指中国苏州城内的园林建筑，以私家园林为主，起始于春秋时期的吴国建都姑苏时（公元前514年），形成于五代，成熟于宋代，兴旺于明代，鼎盛于清代。到清末苏州已有各色园林170多处，现保存完整的有60多处，对外开放的园林有19处。占地面积不大，但以意境见长，以独具匠心的艺术手法在有限的空间内点缀安排，移步换景，变化无穷。1997年，苏州古典园林作为中国园林的代表被列入《世界遗产名录》。

苏州是中国著名的历史文化名城，有“人间天堂，园林之城”的美誉。这里素来以山水秀丽，园林典雅而闻名天下，有“江南园林甲天下，苏州园林甲江南”的美称。苏州古典园林“不出城郭而获山水之怡，身居闹市而有灵泉之致”，1985年，苏州园林即被评为中国十大风景名胜之一。

作为举世瞩目的历史文化名城，苏州沉淀了2500余年吴文化底韵。约在公元前11世纪，当地部族自号“勾吴”，苏州称“吴”。公元前514年吴王阖闾建都于此，其规模位置迄今未变，为世界少有。

既有湖光山色、烟波浩淼的气势，又有江南水乡小桥流水的诗韵——素有“江南鱼米之乡”之称的苏州富饶美丽，是中国首批公布的24个历史文化名城之一。苏州自古以来就是江南的经济文化中心，城市格局保持完整，山明水秀，自然景观独具特色，是著名的旅游胜地。闻名遐迩的苏州园林采用缩景的手法，给人以小中见大的艺术效果，为苏州赢得“园林之城”的美誉。

苏州古典园林的历史可上溯至公元前6世纪春秋时吴王的园囿，私家园林最早见于记载的是东晋（4世纪）的辟疆园，历代造园兴盛，名园日多。明清时期，苏州成为中国最繁华的地区，私家园林遍布古城内外。16—18世纪全盛时期，苏州有园林200余处，现在保存尚好的有数十处，并因此使苏州素有

"人间天堂"的美誉。

作为苏州古典园林典型例证的拙政园、留园、网师园和环秀山庄，产生于苏州私家园林发展的鼎盛时期，以其意境深远、构筑精致、艺术高雅、文化内涵丰富而成为苏州众多古典园林的典范和代表。苏州以园林见长让人感叹园艺的巧夺天工以拙政园、留园、网狮园、环秀山庄为代表的古典园林于1997年12月被列入"世界文化与自然遗产名录"。

布达拉宫

布达拉宫位于西藏自治区首府拉萨市西北郊区约两千米处的一座小山上。在当地信仰藏传佛教的人民心中，这座小山犹如观音菩萨居住的普陀山，因而用藏语称此为布达拉（普陀之意）。布达拉宫重重叠叠，迂回曲折，同山体融合在一起，高高耸立，壮观巍峨。宫墙红白相间，宫顶金碧辉煌，具有强烈的艺术感染力。它是拉萨城的标志，也是西藏人民巨大创造力的象征，是西藏建筑艺术的珍贵财富，也是独一无二的雪城高原上的人类文化遗产。

布达拉宫依山垒砌，群楼重迭，殿宇嵯峨，气势雄伟，有横空出世、气贯苍穹之势，坚实墩厚的花岗石墙体，松茸平展的白玛草墙领，金碧辉煌的金顶，具有强烈装饰效果的巨大鎏金宝瓶、幢和红幡，交相映辉，红、白黄3种色彩的鲜明对比，分部合筑、层层套接的建筑型体，都体现了藏族古建筑迷人的特色。

布达拉宫始建于公元7世纪藏王松赞干布时期距今已有1300年的历史。唐初，松赞干布迎娶尼泊尔赤尊公主为妻，为夸耀后世，在当时的红山上建九层楼宫殿一千间，取名布达拉宫以居公主。

明末，在蒙古固始汉的武力支持下，五世达赖建立葛丹颇章王朝。公元1645年，开始重建布达拉宫，五世达赖由葛丹章宫移居白宫顶上的日光殿，1690年，在第巴桑杰嘉错的主持下，修改红殿五世达赖灵塔殿，1693年竣工。以后经历代达赖喇嘛的扩建，才达到今日的规模。

布达拉宫外观 13 层，高 110 米，自山脚向上，直至山顶。由东部的白宫（达赖喇嘛居住的地方），中部的红宫（佛殿及历代达赖喇嘛灵塔殿）组成。红宫前面有一白色高耸的墙面为晒佛台，在佛教的节日用来悬挂大幅佛像挂毯。

布达拉宫整体为石木结构宫殿外墙厚达 2 ~5 米，基础直接埋入岩层。墙身全部用花岗岩砌筑，高达数十米，每隔一段距离，中间灌注铁汁，进行加固，提高了墙体抗震能力，坚固稳定。

屋顶和窗檐用木制结构，飞檐外挑，屋角翘起，铜瓦鎏金，用鎏金经幢，宝瓶，摩蝎鱼和金翅乌做，脊饰。闪亮的屋顶采用歇山式和攒尖式，具有汉代建筑风格。屋檐下的墙面装饰有鎏金铜饰，形象都是佛教法器式八宝，有浓重的藏传佛教色彩。柱身和梁仿上布满了鲜艳的彩画和华丽的雕饰。内不廊道交错，殿堂杂陈，空间曲折莫测，置身其中，步入神秘世界。布达拉宫是藏建筑的杰出代表，也是中华民族古建筑的精华之作。

胡夫金字塔

在埃及首都开罗郊外的吉萨，有一座举世闻名的胡夫金字塔。作为人造建筑的世界奇迹，胡夫金字塔首先是世界上最大的金字塔，刚开始建成时的胡夫金字塔高度为 146. 59 米，底边长度为 230 米，是由 250 多万块每块重约 2. 5 ~ 50 吨的巨石垒砌而成的。胡夫金字塔的建成时间大约在距今 4700 年前，随着岁月的流逝，在雨雪风沙的击打之下，今天的胡夫金字塔已经不复当年的雄姿，现在的胡夫金字塔的高度仅为 138 米，而低边的长度则是 220 米，尽管如此，它仍然不失为世界之最，高高矗立在蓝天白云与满目黄沙之间，蔚为人间的壮观。

胡夫金字塔但更为令人吃惊的奇迹，并不是胡夫金字塔的雄壮身姿，而是发生在胡夫金字塔上的数字“巧合”：人们到现在已经知道，由于地球公转轨道是椭圆形的，因而从地球到太阳的距离，也就在 14624 万千米到 15136 万千米之间，从而使人们将地球与太阳之间的平均距离 149，597，870 千米定为一个天文度量单位（现代科学通过精确测量日地平均距离为149，597，870千米，大约为15，000万千米）；如果现在把胡夫金字塔的高度146.59米乘以十亿，其结果是14659万千米正好落在14624万千米到15136万千米这个范围内。事实上，这个数字很难说是出于巧合，因为胡夫金字塔的子午线，正好把地球上的陆地与海洋分成相等的两半。难道说埃及人在远古时代就能够进行如此精确的天文与地理测量吗？

出乎人们意料之外的数字“巧合”还在不断地出现，早在拿破仑大军进入埃及的时候，法国人就对胡夫金字塔的顶点引出一条正北方向的延长线，那么尼罗河三角洲就被对等地分成两半。现在，人们可以将那条假想中的线再继续向北延伸到北极，就会看到延长线只偏离北极的极点6.5千米，要是考虑到北极极点的位置在不断地变动这一实际情况，可以想象，很可能在当年建造胡夫金字塔的时候，那条延长线正好与北极极点相重合。

除了这些有关天文地理的数字以外，胡夫金字塔的底部周长如果除以其高度的两倍，得到的商为3.14159，这就是圆周率，它的精确度远远超过希腊人算出的圆周率3.1428，与中国的祖冲之算出的圆周率在3.1415926~3.1415927之间相比，几乎是完全一致的。同时，胡夫金字塔内部的直角三角形厅室，各边之比为3：4：5，体现了勾股定理的数值。此外，胡夫金字塔的总重量约为6000万吨，如果乘以10的15次方，正好是地球的重量！

所有这一切，都合情合理地表明这些数字的“巧合”其实并非是偶然的，这种数字与建筑之间完美地结合在一起的金字塔现象，也许有可能是古代埃及人智慧的结晶。正如有人所说：“数字是可以任人摆布的东西，例如巴黎埃菲尔铁塔的高度为299.92米，与光速299776000米/秒相比，前者正好是后者的百万分之一，而误差仅仅为千分之0.5。这难道仅仅是巧合吗？还是人们对于光速已经有所了解呢？如果不是为了显示设计者与建造者的智慧，也就无需在1889年以修建铁塔的方式来展示这一对比关系。”

事实上，胡夫金字塔的奇异之处，早已超出了地球上人们的想象力。这样，以胡夫金字塔为典型的大金字塔现象，对于地球人来说，也许始终是一个难解之谜。

亚利山大灯塔

亚历山大灯塔是世界公认的古代奇观之一。它不带有任何宗教色彩，纯粹为人民实际生活而建，亚历山大灯塔的烛光在晚上照耀着整个亚历山大港，保护着海上的船只，另外，它亦是当时世上最高的建筑物。亚历山大灯塔的遗址在埃及亚历山大城边的法洛斯岛上。公元前330年，不可一世的马其顿国王亚历山大大帝攻占了埃及，并在尼罗河三角洲西北端即地中海南岸，建立了一座以他名字命名的城市。这是一座战略地位十分重要的城市，在以后的100年间，它成了埃及的首都，是世界上最繁华的城市之一，而且也是整个地中海世界和中东地区最大最重要的一个国际转运港。

亚历山大灯塔高120米，加上塔基，整个高度约135米。塔楼由三层组成：第一层是方形结构，高60米，里面有300多个大小不等的房间，用来作燃料库、机房和工作人员的寝室；第二层是八角形结构，高15米；第三层是圆形结构，上面用8米高的8根石柱围绕在圆顶灯楼。灯楼上面，矗立着8米高的太阳神赫利俄斯站立姿态的青铜雕像。整座灯塔都是用花岗石和铜等材料建筑而成，灯的燃料是橄榄油和木材。整个灯塔的面积约930平方米。聪明的设计师还采用反光的原理，用镜子把灯光反射到更远的海面上。这座无与伦比的灯塔，夜夜灯火通明，兢兢业业地为入港船只导航，它给舵手带来了一种安全感。

公元700年，亚历山大发生地震，灯室和波西顿立像塌毁。关于此事，传说东罗马帝国一位皇帝企图攻打亚历山大，但惧于其船队被灯塔照见，于是派人向倭马亚王朝的哈里发进言，谎称塔底藏有亚历山大大帝的遗物和珍宝。哈里发中计下令拆塔，但在黎民百姓的强烈反对下，拆到灯室时便停止。880年，灯塔修复。1100年，灯塔再次遭强烈地震的洗劫，仅残存下面第一部分，灯塔失去往日的作用，成了一座瞭望台。1301年和1435年两次地震，塔全毁。

帕特农神庙

在希腊首都雅典卫城坐落的古城堡中心，石灰岩的山岗上，耸峙着一座巍峨的长方形建筑物，神庙矗立在卫城的最高点，这就是在世界艺术宝库中著名的帕特农神庙。这座神庙历经两千多年的沧桑之变，如今庙顶已坍塌，雕像荡然无存，浮雕剥蚀严重，但从巍然屹立的柱廊中，还可以看出神庙当年的丰姿。巴特农神庙是雅典卫城最重要的主体建筑，是为了歌颂雅典战胜波斯侵略者的胜利而建。设计这座神庙的建筑师为伊克梯诺和卡里克利特。

帕特农神庙是供奉雅典娜女神的最大神殿，帕特农原意为贞女，是雅典娜的别名。此庙不仅规模最宏伟，坐落在卫城中央最高处，庙内还存放一尊黄金象牙镶嵌的全希腊最高大的雅典娜女神像（菲迪亚斯亲手制作）。它从公元前447年开始兴建，9年后大庙封顶，又用6年之后各项雕刻也告完成，1687年毁于战争，今仅存残迹。

帕特农神庙的设计代表了全希腊建筑艺术的最高水平。从外貌看，它气宇非凡，光彩照人，细部加工也精细无比。它在继承传统的基础上又作了许多创新，事无巨细皆精益求精，由此成为古代建筑最伟大的典范之作。它采取八柱的多立克式，东西两面是8根柱子，南北两侧则是17根，东西宽31米，南北长70米。东西两立面（全庙的门面）山墙顶部距离地面19米，也就是说，其立面帕特农神庙高与宽的比例为19比31，接近希腊人喜爱的“黄金分割比”，难怪它让人觉得优美无比。柱高10.5米，柱底直径近2米，即其高宽比超过了5，比古风时期多利亚柱式（三种希腊古典建筑柱式中最简单的一种）通常采用的4比1的高宽比大了不少，柱身也相应颀长秀挺了一些。这反映了多利亚柱式走向古代规范的总趋势。

帕特农神庙特别讲究“视觉矫正”的加工，使本来是直线的部分略呈曲线或内倾，因而看起来更有弹力，更觉生动。